COLLECTION FOLIO

Les écrivains engagent le débat

De Mirabeau à Malraux
12 discours d'hommes de lettres à l'Assemblée nationale

Anthologie constituée, présentée et annotée par Brigitte Krulic

Gallimard

PRÉSENTATION

> *Alors on entendit sortir de cette face difforme une parole sublime. C'était la voix du monde nouveau qui parlait par la bouche du vieux monde ; c'était 89 qui se levait debout et qui interpellait, et qui accusait, et qui dénonçait à Dieu et aux hommes toutes les dates fatales de la monarchie [...]. Cette apparition formidable a laissé un nom dans la mémoire des hommes ; on devrait l'appeler la Révolution : on l'appelle Mirabeau.*
>
> *Du jour où cet homme mit le pied sur cette estrade, cette estrade se transfigura : la tribune française fut fondée.*
>
> VICTOR HUGO,
> *Napoléon le Petit*

Comment dire mieux que la *tribune française* prend place, au même titre que la Bastille ou le drapeau tricolore, parmi ces lieux façonnés au fil du temps en institutions de la mémoire, en symboles fondateurs dans lesquels se met en scène l'imaginaire national et social ? Sous la plume vibrante de Victor Hugo, c'est l'avènement de la nation souveraine que proclame la voix inspirée du tribun-prophète ; c'est la fin des privilèges et de l'obéissance servile, la régénération, par la Liberté, l'Égalité et la Fraternité, du peuple-France appelé à guider vers la lumière tous les peuples de la terre.

Au cœur du Palais-Bourbon où siège depuis 1798 la représentation nationale, face aux bancs des députés en hémicycle, juste au-dessous du bureau du président de l'Assemblée, là est *la tribune* – seul élément du décor originel qui subsiste aujourd'hui, avec le bureau et le fauteuil du président. Sous les figures tutélaires de l'Histoire et de la Renommée qui ornent le bas-relief de la tribune, l'orateur met en scène par la voix, la gestuelle, la force de ses arguments et de ses talents rhétoriques, le pouvoir politique de la parole publique. C'est dans « l'arène », ou le « théâtre » de la salle des séances, que se sont, depuis 1789, exercés le pouvoir et la mission d'écrire les lois. Palais-Bourbon, hémicycle, tribune : autant de lieux consacrés, au sens quasi-religieux du terme, où les députés « représentants du peuple » sacrifient aux rituels qui proclament la majesté des lois – et du peuple souverain.

Mais, assurément, cette évocation stylise une réalité historique bien plus complexe : le pouvoir législatif dévolu aux Assemblées a subi, au fil des régimes qui se sont succédé depuis 1789, plus d'une restriction cruciale. Tout d'abord, le suffrage censitaire, dont le principe, fixé par les Constituants, subordonne le droit de vote à des critères de revenus, a écarté, jusqu'à la proclamation du suffrage universel masculin en mars 1848, les individus jugés incapables d'exercer en toute autonomie la citoyenneté « active ». Et les femmes figurent en bloc dans cette catégorie « passive » pendant encore presque cent ans, jusqu'en avril 1944.

Dans certains cas, les appellations ont pu refléter la méfiance, voire l'hostilité des régimes envers le pouvoir législatif censé représenter le peuple souverain et la volonté de le réduire au rôle de « chambre d'enregistrement » des lois : n'est-il pas significatif, par exemple, que le nom d'« *Assemblée nationale* », symbole de l'enthousiasme des premiers jours de la Révolution, ait été remplacé par celui de « *Corps législatif* » (Consulat, premier et second Empires) ou de « *Chambre des députés des départements* » (Charte de 1814) ? L'« Assemblée nationale » ne renaît qu'en 1946, si l'on excepte deux brèves parenthèses, l'une sous la IIe République, de 1848 au coup d'État du 2 décembre 1851, l'autre de février 1871 aux lois constitutionnelles de 1875 instaurant la IIIe République.

La pratique parlementaire qui naît en 1789 établit rapidement un certain nombre de règles et de codes de conduite. Ainsi la répartition topographique des députés sur les deux côtés de la salle acquiert-elle une signification politique appelée à perdurer, même si les lignes de partage entre partis de droite, du centre, et de gauche, sans oublier les extrêmes, sont soumises au fil des décennies à des phénomènes de recomposition et de décalage – la gauche d'une Assemblée peut se retrouver à droite dans la législature suivante –, phénomènes qui confèrent à cette démarcation un caractère mouvant et flou. La libération de la parole publique autorise les inévitables interruptions et manifestations parfois tumultueuses qui scandent les séances. La Chambre vibre de murmures réprobateurs, d'exclamations, de huées, d'applaudissements, d'interpellations véhémentes, voire de sifflets et de vociférations, qui stimulent ou paralysent l'orateur dans son élan.

Les grandes voix des assemblées révolutionnaires – Mirabeau, Vergniaud, Danton – ont suscité des émules. Dès la Restauration, et plus encore sous la monarchie de Juillet, la Chambre des députés attire, parmi le public des séances, des hommes du monde et des élégantes qui apprécient en connaisseurs les effets rhétoriques savamment modulés pour frapper, émouvoir, transporter d'indignation ou d'enthousiasme l'auditoire. Avant la Révolution, note Stendhal, un homme d'esprit écrivait des vers ou des essais ; à présent, il doit briguer la députation et prononcer chaque année dans l'hémicycle « un ou deux discours passables »[1]. À l'âge romantique du « sacre de l'écrivain », la gloire littéraire ouvre la voie de la consécration politique et l'auteur applaudi à la Chambre, fêté dans les salons, peut légitimement espérer l'immortalité promise aux élus de l'Académie française. Chateaubriand est une figure emblématique : écrivain, voyageur, académicien,

1. Stendhal, *Esquisses de la société parisienne, de la politique et de la littérature, 1826-1829*, cité et commenté par Anne Martin-Fugier dans *La vie élégante ou la formation du Tout-Paris, 1815-1848*, Paris, Fayard, 1990, p. 218.

diplomate, homme politique, il jouit, pour toute une génération au moins, d'un prestige inégalé. Nombreux sont ceux qui, à son exemple, aspirent à exercer un magistère de la parole qui élargit les missions et le public traditionnels de l'écrivain : la société en voie de démocratisation l'appelle à faire entendre sa voix en échos démultipliés sur la scène parlementaire. L'essor du journalisme, à partir des années 1830, participe du même phénomène. La diffusion de la presse amorce toutefois une évolution que l'apport technologique des médias parachèvera, avec l'avènement de la télévision puis d'Internet dans la deuxième moitié du XXe siècle : le déclin de l'âge d'or de l'éloquence parlementaire, conjugué avec la désacralisation de la parole politique et la fin des « grands hommes » qui font l'Histoire.

À dire vrai, un talent d'écrivain ne prédispose pas nécessairement à une éloquence hors du commun : la puissance de la voix, la gestuelle, la force d'entraînement relèvent bien davantage de l'art de l'acteur qu'ont d'ailleurs possédé, d'après tous les témoignages, Mirabeau, célébré en « Shakespeare de l'éloquence[1] », Lamartine, dont les discours constituaient des événements politico-mondains hautement prisés, et plus près de nous, Aimé Césaire ou Léopold Sédar Senghor. Mais là n'est pas l'essentiel. Les personnalités réunies dans ce recueil, « écrivains dans l'hémicycle », ont été distinguées au filtre de deux critères : ils ont acquis une

1. Jean Starobinski, « La chaire, la tribune, le barreau », *Les Lieux de mémoire* (Pierre Nora, dir.), Paris, Gallimard, 1997, t. 2, p. 2040.

renommée littéraire qui a précédé leur expérience politique, ou, dans le cas de de Gaulle, publié des essais remarqués des spécialistes ; député, ministre, ou chef de gouvernement, ils ont prononcé à la tribune tel ou tel discours remarquable. Cette renommée littéraire peut s'apprécier de diverses manières : par la reconnaissance institutionnelle, conférée au premier chef par l'élection à l'Académie française, par le succès d'estime ou de librairie de leurs ouvrages, ou encore par le statut de « grand écrivain », ou de « prince de la jeunesse », à l'instar du jeune Barrès.

Avec la grande majorité de leurs collègues députés ou sénateurs, ils partagent ce point commun d'une formation à l'école des humanités classiques. Les représentants du peuple qui se succèdent dans les Assemblées ont été, pour la plupart, familiarisés très tôt avec la discipline des traductions latine ou grecque et avec les procédés rhétoriques des grands orateurs de l'Antiquité. L'art de la persuasion obéit à des règles précises, dont le maniement s'acquiert par l'enseignement de précepteurs ou du lycée jusqu'au mitan du XXe siècle. La rhétorique, en effet, est l'application d'un ensemble de procédés techniques stylistiques ; on en trouvera ainsi de nombreux exemples : anaphores (« tout le monde sait que… », répété quatre fois par Mirabeau), redoublements emphatiques (Victor Hugo : « vous venez, vous, vous voulez, vous, les ramasser après lui, comme il les avait ramassés, lui, Napoléon, après Charlemagne ! »), répétitions rythmiques binaires mais le plus souvent ternaires (Aimé Césaire, notamment), apostrophes (« Messieurs »…), opposition de longues phrases ou « périodes » et de phrases très brèves, effets de contrastes parfois violents (« Napoléon le Grand et Napoléon le Petit », cinglante formule de Hugo passée à la postérité), gradations *crescendo* (la pièce de Genet n'est « pas antifrançaise. Elle est antihumaine. Elle est anti-tout », André Malraux), etc.

Toutefois, le discours parlementaire est un exercice oral qui, à la différence de la prise de parole improvisée, a été au préalable travaillé, construit, mûri sous une forme *écrite*. Et il a sa spécificité. Il s'inscrit dans le moment présent – même si l'écrit relaie la parole grâce à la publication ultérieure dans la *Gazette Nationale ou le Moniteur Universel* et aujourd'hui, le *Journal Officiel* –, il est doté d'un enjeu précis, le vote d'une loi, la défense de principes ou de valeurs, le combat contre le parti rival ou antagoniste ; il se différencie aussi de la littérature publiée, romans, essais, poésie, dans la mesure où il interpelle directement un auditoire physiquement présent (« Messieurs »…).

Mais, au-delà des contraintes qu'impose l'exercice, les écrivains dans l'hémicycle se font entendre, assurément, par leur voix singulière, par ce qu'il est convenu d'appeler leur style : en particulier le choix des termes, des métaphores, des images. Le plaidoyer de Maurice Barrès en faveur de la sauvegarde des églises de France, par exemple, qui contribuera à faire accepter par le législateur la notion de « patrimoine culturel national », vibre des invocations à la tradition immémoriale enracinée dans la Terre française et le culte des morts...

Quelle que soit la position qu'ils occupent sur l'échiquier parlementaire, nos écrivains dans l'hémicycle partagent une force de conviction : représentants du peuple français, ils doivent honorer leur mission en plaçant les « valeurs de la France » au cœur de leur discours et de leur engagement. Certes, ces « valeurs » diffèrent très sensiblement, même en tenant compte des effets de distorsion dus à des contextes historiques difficilement comparables, de la fin du XVIIIe siècle à la Ve République. Ainsi, le sens et les contours de la « liberté », à la fois terme et thème récurrents chez tous les auteurs (à l'exception notable de Barrès), doivent, pour être bien compris, être replacés dans un contexte biographique et historique particulier, sans oublier les parcours politiques sinueux (Barrès, de nouveau) ou marqués par des inflexions significatives (Hugo, Lamartine). Cependant, les clivages idéologiques qui se donnent à entendre s'articulent, sommairement, autour de la position qu'adopte chacun face à l'héritage et aux conséquences de la Révolution française, dont la mémoire formidable hante l'hémicycle. La référence à ce moment fondateur pour le meilleur ou pour le pire, selon les avis, imprègne tous les textes, sur le mode le plus souvent explicite, mais parfois implicite, comme dans le discours de Barrès : la loi de séparation de l'Église et de l'État, qui aggrave à ses yeux la grande misère des églises de France, s'inscrit dans le prolongement de l'œuvre révolutionnaire.

Or si la Révolution est un événement fondateur,

qui contraint le citoyen comme le représentant à prendre position, c'est aussi parce qu'elle manifeste avec éclat une exemplarité française. Par-delà les circonstances historiques et les désaccords idéologiques fondamentaux, tous, sans exception, invoquent une « certaine idée de la France », dont le socle n'est évidemment pas identique, mais qui comporte ses exigences et ses devoirs : attester, en particulier, la place privilégiée d'une nation appelée à incarner des principes et des idéaux pour l'édification du monde entier. De cette « idée de la France », Chateaubriand appelant à repousser l'action liberticide de la révolution en Espagne, Aimé Césaire et Léopold Sédar Senghor invoquant solennellement la devise républicaine pour condamner les errements de la politique coloniale française, de Gaulle ou Edgar Quinet exaltant une France glorieuse dans la défaite comme dans la victoire finale, Barrès affirmant la nécessité de définir le peuple français dans la continuité historique de la Terre et des Morts, tous portent témoignage.

Brigitte KRULIC

XVIIIe siècle

HONORÉ GABRIEL RIQUETI DE MIRABEAU

Défense du drapeau tricolore

(21 octobre 1790)

Honoré Gabriel Riqueti, comte de Mirabeau (1749-1791), élu député du tiers état (Aix-en-Provence) aux états généraux, député à l'Assemblée nationale constituante (1789-1791). Parmi ses œuvres : Essai sur le despotisme *(1775),* Des Lettres de cachet et des prisons d'État *(1782),* Ma conversion, ou le libertin de qualité *et* Erotika Biblion *(1783),* Considérations sur l'ordre de Cincinnatus, ou Imitation d'un pamphlet anglo-américain *(1784),* Sur Moses Mendelssohn, sur la réforme politique des Juifs… *(1787),* De la Monarchie prussienne sous Frédéric le Grand *(1788),* Lettres à Sophie *(1792).*

LE CONTEXTE : *Le 17 juillet 1789, Louis XVI a accepté d'arborer la cocarde tricolore que lui présentait le général La Fayette. L'association des trois couleurs, dont l'origine est d'ailleurs débattue, symbolise l'avènement d'un ordre nouveau fondé sur la Déclaration des Droits de l'homme et du citoyen (26 août 1789) et le principe de souveraineté de la nation. Un vif débat s'engage autour de l'adoption par la marine marchande et les vaisseaux de guerre du pavillon tricolore, raillé par les partisans du drapeau blanc comme « nouveau hochet de trois couleurs ».*

Aux premiers mots proférés dans cet étrange débat, j'ai ressenti, je l'avoue, comme la plus grande partie de cette Assemblée, les bouillons de la furie du patriotisme jusqu'au plus violent emportement. (*Il s'élève à droite des murmures que couvrent de nombreux applaudissements ; l'orateur s'adresse du côté d'où partent ces murmures et dit :*) Messieurs, donnez-moi quelques moments d'attention ; je vous jure qu'avant que j'aie cessé de parler vous ne serez pas tentés de rire... Mais bientôt j'ai réprimé ces justes mouvements pour me livrer à une observation vraiment curieuse, et qui mérite toute l'attention de l'Assemblée. Je veux parler du genre de présomption qui a pu permettre d'oser présenter ici la question qui nous agite, et sur l'admission de laquelle il n'était pas même permis de délibérer. Tout le monde sait quelles crises terribles ont occasionnées de coupables insultes aux couleurs nationales[1] ; tout le monde sait quelles ont été en diverses occasions les funestes suites du mépris que quelques individus ont osé leur montrer ; tout le monde sait avec quelle félicitation mutuelle la nation entière s'est complimentée, quand le monarque a ordonné aux troupes de porter, et a porté lui-même ces couleurs glorieuses, ce signe de ralliement de tous les amis, de tous les enfants de la liberté, de tous les défenseurs de la Constitu-

1. Allusion au banquet des Gardes du corps, à Versailles (1er octobre 1789), où la cocarde tricolore aurait été piétinée, incident largement diffusé par les gazettes. Le 5 octobre, la foule marche sur Versailles et la famille royale est contrainte de s'installer à Paris le 6.

tion ; tout le monde sait qu'il y a peu de mois, il y a peu de semaines, le téméraire qui a osé montrer quelque dédain pour cette enseigne du patriotisme eût payé ce crime de sa tête. (*On entend de violents murmures dans la partie droite ; la salle retentit de bravos et d'applaudissements.*)

Et lorsque vos comités réunis ne se dissimulant pas les nouveaux arrêtés que peut exiger la mesure qu'ils vous proposent, ne se dissimulant pas que le changement de pavillon, soit dans sa forme, soit dans les mesures secondaires qui seront indispensables pour assortir les couleurs nouvelles aux divers signaux qu'exigent les évolutions navales, méprisant, il est vrai, la futile objection de la dépense ; on a objecté la dépense, comme si la nation, si longtemps victime des profusions du despotisme, pouvait regretter le prix des livrées de la liberté ! comme s'il fallait penser à la dépense des nouveaux pavillons, sans en rapprocher ce que cette consommation nouvelle versera de richesses dans le commerce des toiles, et, jusque dans les mains des cultivateurs du chanvre, et d'une multitude d'ouvriers ! lorsque vos comités réunis, très bien instruits que de tels détails sont de simples mesures d'administration qui n'appartiennent pas à cette Assemblée et ne doivent pas consumer son temps, lorsque vos comités réunis, frappés de cette remarquable et touchante invocation des couleurs nationales, présentée par des matelots, dont on fait avec tant de plaisir retentir les désordres, en en taisant les véritables causes, pour peu qu'elles puissent sembler excusables ; lorsque vos comités réunis ont eu cette belle et profonde idée de donner aux matelots, comme un signe d'adoption de la patrie, comme un appel à leur dévouement, comme une récompense de leur retour à la discipline, le pavillon national, et vous proposent en conséquence une mesure, qui, au fond, n'avait pas besoin d'être demandée, ni décrétée, puisque le directeur du pouvoir exécutif, le chef suprême des forces de la nation avait déjà ordonné que les trois couleurs fussent le signe national.

Eh bien, parce que je ne sais quel succès d'une tactique frauduleuse dans la séance d'hier a gonflé les cœurs contre-révolutionnaires, en vingt-quatre heures, en une nuit, toutes les idées sont tellement subverties, tous les principes sont tellement dénaturés, on méconnaît tellement l'esprit public, qu'on ose dire, à vous-mêmes, à la face du peuple qui nous entend, qu'il est des préjugés antiques qu'il faut respecter : comme si votre gloire et la sienne n'étaient pas de les avoir anéantis, ces préjugés que l'on réclame ! qu'il est indigne de l'Assemblée nationale de tenir à de telles bagatelles, comme si la langue des signes n'était pas partout le mobile le plus puissant pour les hommes, le premier ressort des patriotes et des conspirateurs, pour le succès de leurs fédérations ou de leurs complots ! On ose, en un mot, vous tenir froidement un langage qui, bien analysé, dit précisément : Nous nous croyons assez forts pour arborer la couleur blanche, c'est-à-dire la couleur de la contre-révolution (*la droite jette de grands cris, les applaudissements de la gauche sont unanimes*), à la place des odieuses couleurs de la liberté. Cette observation est curieuse sans doute, mais son résultat n'est pas effrayant. Certes, ils ont trop présumé. Croyez-moi (*l'orateur parle à la partie droite*), ne vous endormez pas dans une si périlleuse sécurité, car le réveil serait prompt et terrible. (*Au milieu des applaudissements et des murmures, on entend ces mots :* C'est le langage d'un factieux.) (*À la partie droite :*) Calmez-vous, car cette imputation doit être l'objet d'une controverse régulière, nous sommes contraires en faits : vous dites que je tiens le langage d'un factieux.

Plusieurs voix de la droite : Oui, oui !

Monsieur le Président, je demande un jugement, et je pose le fait (*Nouveaux murmures*) ; je prétends, moi, qu'il est, je ne dis pas irrespectueux, je ne dis pas inconstitutionnel, je dis profondément criminel, de mettre en question si une couleur destinée à nos flottes peut être différente de celle que l'Assemblée nationale a consacrée, que la nation, que le roi ont adoptée, peut être une couleur suspecte et proscrite. Je prétends que les véritables factieux, les véritables conspirateurs sont ceux qui parlent des préjugés qu'il faut ménager, en rappelant nos antiques erreurs et les malheurs de notre honteux esclavage. (*On applaudit.*) – Non, Messieurs, non ; leur folle présomption sera déçue ; leurs sinistres présages, leurs hurlements blasphémateurs seront vains : elles vogueront sur les mers, les couleurs nationales ; elles obtiendront le respect de toutes les contrées, non comme les signes des combats et de la victoire, mais comme celui de la sainte confraternité des amis de la liberté sur toute la terre, et comme la terreur des conspirateurs et des tyrans... Je demande que la mesure générale comprise dans le décret soit adoptée ; qu'il soit fait droit sur la proposition de M. Le Chapelier, concernant les mesures ultérieures, et que les matelots à bord des vaisseaux, le matin et le soir et dans toutes les occasions importantes, au lieu du cri accoutumé et trois fois répété de : *Vive le roi !* disent : *Vivent la nation, la loi et le roi*[1] ! (*La salle retentit pendant quelques minutes de bravos et d'applaudissements.*)

1. « La nation, la loi, le roi » : devise de la monarchie constitutionnelle instituée par la Constitution de septembre 1791. Celle-ci reprend les termes de la prestation de serment prononcée par La Fayette au nom des Gardes nationales fédérées et par le président de l'Assemblée nationale, lors de la fête de la Fédération du 14 juillet 1790.

XIXe siècle

BENJAMIN CONSTANT

La loi sur la presse et les libertés fondamentales

(9 février 1822)

Benjamin Constant (1767-1830), membre de la Chambre des députés (1819-1822, Sarthe ; 1824-1827, Paris ; 1827-1830, Bas-Rhin – il conserve son siège dans la Chambre élue après la Révolution de Juillet). Parmi ses œuvres : Principes de politique applicables à tous les gouvernements représentatifs… *(1815),* De la religion considérée dans sa source, ses forces et ses développements *(1824-1831), le roman* Adolphe *(1816) et le célèbre discours prononcé à l'Athénée en 1819* De la liberté des Anciens comparée à celle des Modernes.

LE CONTEXTE : *Le gouvernement Villèle présente le 2 janvier 1822 une loi de répression des délits de presse, complétée par une loi sur la police des journaux, qui introduit la notion de délits ou procès « de tendance », permettant de poursuivre un journal, non pour tel ou tel article, mais pour « son esprit, résultant d'une succession d'articles », qui « serait de nature à porter atteinte à la paix publique, au respect dû à la religion de l'État et aux autres religions légalement reconnues en France, à l'autorité du roi, à la stabilité des institutions constitutionnelles ». Les lois du 18 et 25 mars 1822 porteront un coup important à la liberté de la presse.*

Je laisse de côté les détails du projet de loi ; l'article 3 et l'article 4 m'occuperont seuls, parce que là se trouve l'arsenal de l'armée que je pourrais justement nommer rebelle, car vouloir modifier la Charte est une véritable rébellion. (*Murmures à droite.*) Que voyons-nous dans l'article 3 ? La condamnation d'un écrit d'après l'esprit qui peut l'animer, et pour organes de cette condamnation, des tribunaux jugeant sans lois écrites, sans règles fixes ; des tribunaux investis d'un pouvoir politique, extra-légal, destructif de leur caractère judiciaire.

Que voyons-nous dans l'article 4 ? La suspension de la Charte par une ordonnance, de l'aveu de M. le rapporteur lui-même ; car c'est sur l'article 14 de la Charte que M. le rapporteur motive son consentement à la proposition ministérielle, parce que, dit-il, cet article permet toutes les mesures de salut public. [...]

Je laisse donc de côté tous ces détails et j'arrive au principe. Ce principe, c'est l'arbitraire, c'est l'étouffement de toute opinion. On nous assure qu'on ne supprimera pas tous les journaux de l'opposition, ou que si le malheur ou leur indiscipline voulait qu'on fût obligé de les supprimer, on les remplacerait par d'autres journaux de la même couleur ; c'est-à-dire qu'il y aura une opposition d'office qui combattra vraisemblablement l'autorité avec le même succès que les défenseurs d'office qui ont défendu les infortunés frères Faucher[1]... (*Mur-*

1. Les jumeaux Constantin et César de Faucher, généraux de brigade, exercèrent sous l'Empire les fonctions de maire et de

mures à droite... M. de Granoux[1] *:* Vous défendez donc des rebelles ! Ils ont été condamnés très-justement.)

Messieurs, ou on supprimera les journaux de l'opposition, ou on ne les supprimera pas. Si on ne les supprime pas, la loi sera ridicule, l'autorité sera avilie. Un ministère peut résister à des attaques qu'il est obligé de subir, parce qu'alors on suppose que les adversaires usent de toutes leurs forces ; et comme le pouvoir ne manque jamais de défenseurs zélés, des discussions ont lieu, et le public juge avec impartialité. Mais quand l'autorité peut tuer d'un mot les adversaires, il en résulte que, si les attaques sont violentes, on lui sait mauvais gré de les tolérer, et que si elles sont faibles, on attribue cette faiblesse à la terreur que l'autorité inspire. Alors chacun cherche dans les écrits, non pas ce que l'opposition a dit, mais ce qu'elle n'a pas osé dire... (*Sensation à gauche.*)

Si on supprime tous les journaux de l'opposition, il n'y aura dans tout le royaume, ainsi qu'on en a si singulièrement exprimé le désir dans cette enceinte, il n'y aura que des journaux d'une seule couleur. [...]

Le système qu'on désire est donc clair : c'est l'omnipotence et l'aristocratie ; c'est l'omnipotence qui, comme on nous l'a dit, peut modifier la Charte ; c'est l'aristocratie qui, comme nous

---

sous-préfet de La Réole. Ralliés à Napoléon sous les Cent-Jours, ils furent arrêtés après Waterloo et le retour de Louis XVIII. Au terme d'un procès organisé au mépris des droits de la défense, ils furent condamnés à mort et exécutés le 27 septembre 1815, à Bordeaux.

1. Jean-Baptiste Pimpie de Granoux, député royaliste de l'Ardèche.

voyons, fait tous ses efforts pour surgir en dépit de la Charte.

Messieurs, le projet de loi n'est qu'un moyen d'atteindre ce but ; il pourra vous y mener directement ; vous pourrez y arriver ; vous avez pour vous l'organisation, le nombre et la légalité apparente. Mais daignez regarder au dehors ; daignez voir l'état de l'Europe et de la France ; daignez voir toute cette génération qui n'a pas été nourrie dans les préjugés, qui n'est pas intéressée aux privilèges, qui ne demande que l'égalité et qui la réclame de toutes les manières, tantôt par des moyens qu'il est toujours déplorable d'employer, tantôt par l'expression douce et paisible d'une opinion persévérante. Vous ne ferez, j'ose vous le dire, que retarder une crise que vous pourriez éviter. (*Vive agitation à droite. Plusieurs voix :* Vous prêchez la révolte !... C'est une provocation !... [...]) [...]

Je ne me déguise pas que nous, défenseurs de ce que nous regardons comme la liberté constitutionnelle... (*M. de Marcellus :* Et nous du roi !... *M. de Granoux :* Oui, oui, du roi.) Je ne me déguise pas que, nous qui avons été longtemps, qui sommes et qui serons toujours les défenseurs de la liberté constitutionnelle... (*M. de Puymaurin*[1] *:* De la licence.) nous sommes une génération de transition. C'est pour une génération plus forte et plus heureuse, que nous travaillons ; nous devons rem-

1. Le comte de Marcellus, député de la Gironde, et le baron de Puymaurin, député de la Haute-Garonne, appartiennent aussi à la droite royaliste.

plir notre devoir. Vous pouvez étouffer nos voix ; vous pouvez colorer votre oppression ; mais ne vous y trompez pas, nos doctrines, c'est-à-dire la liberté légale, l'égalité des citoyens, la liberté des cultes, point d'arbitraire (*Voix à droite :* Nous aussi nous voulons tout cela.), nos doctrines survivront ; nous les avons enseignées à la génération qui nous suit. Cette génération généreuse viendra honorer notre mémoire, quoiqu'il en arrive (*Rires à droite*), et pour un triomphe momentané de vos doctrines, vous courez le risque de perdre la monarchie, peut-être aussi la France, et de couvrir la mémoire de ceux qui ont voulu les rétablir d'une éternelle exécration… (*La plus vive agitation se renouvelle.*)

M. Benjamin Constant descend de la tribune, on réclame vivement la clôture à droite.

FRANÇOIS RENÉ DE CHATEAUBRIAND

Pourquoi l'intervention française en Espagne est légitime et nécessaire

(25 février 1823)

François René de Chateaubriand (1768-1848), Pair de France (1815-1830), ambassadeur à Berlin (1820), Londres (1822), Rome (1828-1829), ministre des Affaires étrangères (décembre 1822-juin 1824). Parmi ses œuvres : Atala *(1801),* Le Génie du christianisme *(1802),* René *(1802),* De Buonaparte et des Bourbons… *(1814),* De la monarchie selon la Charte *(1816),* Mémoires d'outre-tombe *(1849-1850). Membre de l'Académie française (1811).*

LE CONTEXTE : *Au Congrès de Vérone, où Chateaubriand représente la France, les puissances européennes ont accepté le principe d'une intervention militaire française pour soutenir le roi d'Espagne Ferdinand VII, contraint par une insurrection à rétablir une constitution libérale. La Chambre est appelée à voter un crédit extraordinaire pour financer l'expédition, conduite par le duc d'Angoulême, neveu du roi. Fervent royaliste, Chateaubriand invoque la nécessité de combattre la révolution ; l'intervention permettra aussi d'effacer l'humiliation de Waterloo et de réconcilier tous les Français, après les turbulences de la Révolution et de l'Empire.*

Messieurs, j'écarterai d'abord les objections personnelles ; les intérêts de mon amour-propre ne doivent trouver aucune place ici. [...]

Examinons donc d'abord la question de l'intervention.

Un gouvernement a-t-il le droit d'intervenir dans les affaires intérieures d'un autre gouvernement ?

Cette grande question du droit des gens a été résolue en sens opposés.

Ceux qui l'ont rattachée à un droit naturel, tels que Bacon, Pufendorf, Grotius et tous les anciens, ont pensé qu'il est permis de prendre les armes au nom de la société humaine, contre un peuple qui viole les principes sur lesquels repose l'ordre général ; de même que, dans un État particulier, on punit les perturbateurs du repos public

Ceux qui voient la question dans le droit civil, soutiennent au contraire qu'un gouvernement n'a pas le droit d'intervenir dans les affaires d'un autre gouvernement. [...]

J'adopte, Messieurs, le principe émané du droit civil ; je me range au parti des politiques modernes et je dis comme eux : Nul gouvernement n'a le droit d'intervenir dans les affaires intérieures d'un autre gouvernement. [...]

Mais si je me présente à cette tribune pour soutenir la justice de notre intervention dans les affaires d'Espagne, comment vais-je me soustraire au principe que j'ai moi-même si nettement énoncé ? Vous allez le voir, Messieurs.

Lorsque les politiques modernes eurent repoussé le droit d'intervention, en sortant du droit naturel pour se placer dans le droit civil, ils se trouvèrent très-embarrassés. Des cas survinrent où il était impossible de s'abstenir de l'intervention sans mettre l'État en danger. [...] Pour ne pas se briser contre la règle même qu'on avait établie, on eut recours à une exception au moyen de laquelle on rentrait dans le droit naturel et l'on dit : Nul gouvernement n'a le droit d'intervenir dans les affaires intérieures d'une nation, excepté dans le cas où la sûreté immédiate et les intérêts essentiels de ce gouvernement sont compromis. [...]

L'exception, Messieurs, ne me paraît pas plus contestable que la règle : nul État ne peut laisser périr ses intérêts essentiels sous peine de périr lui-même comme État. [...]

Avant de déduire les motifs qui justifient notre intervention dans les affaires d'Espagne, je dois d'abord, Messieurs, m'appuyer sur l'autorité des exemples.

J'aurai souvent l'occasion, dans la suite de mon discours, de parler de l'Angleterre, puisque mes honorables adversaires nous l'opposent à tout moment, et dans leurs discours improvisés, et dans leurs discours écrits, et dans leurs discours imprimés. C'est la Grande-Bretagne qui, seule à Vérone, a défendu les principes ; c'est elle qui se lève seule aujourd'hui contre le droit d'intervention ; c'est elle qui est prête à prendre les armes pour la cause d'un peuple libre ; c'est elle qui réprouve une guerre impie, attentatoire au droit des gens, une guerre qu'une petite faction bigote et servile veut entreprendre, pour revenir ensuite brûler la Charte française, après avoir déchiré la Constitution espagnole. N'est-ce pas cela, Messieurs ? [...]

Je crains que mes adversaires aient mal choisi leur autorité. [...]

Lorsque, dans d'autres circonstances, les intérêts essentiels de la Grande-Bretagne ont été compromis, n'est-ce pas elle qui a, pour son salut, et très-justement sans doute, dérogé au principe que l'on invoque en son nom aujourd'hui ? [...]

Mais, peut-être que l'Angleterre, qui avait admis le cas d'exception dans sa propre cause, ne l'admet pas pour la cause d'autrui ? Non, Messieurs, l'Angleterre n'a point une politique si étroite et si personnelle ; elle reconnaît aux autres les droits qu'elle réclame pour elle-même. [...]

J'espère, Messieurs, qu'on ne nous opposera plus l'exemple et l'opinion de l'Angleterre au sujet de l'intervention, puisque j'ai détruit ces objections par l'exemple et l'opinion même de l'Angleterre ; il faut prouver maintenant que nous sommes dans le cas légal d'exception, et que nos intérêts essentiels sont blessés. [...]

Nous ne prétendons en Espagne ni à des avantages particuliers, ni au rétablissement des traités que le temps a détruits, mais nous devons désirer une égalité qui ne nous laisse rien à craindre : si la Constitution de Cadix restait telle qu'elle est, elle mènerait infailliblement l'Espagne à la république. Alors nous pourrions voir se former des alliances, se créer des relations qui dans les guerres futures affaibliraient considérablement nos forces. Avant la Révolution, la France n'avait qu'une seule frontière à défendre. Elle était gardée au Midi par la Méditerranée, à l'Occident par l'Espagne, au Nord par l'Océan, à l'Orient par la Suisse ; il ne restait entre le Nord et l'Orient qu'une ligne assez courte, hérissée de places fortes, et sur laquelle nous pouvions porter tous nos soldats. Changez cet état de choses ; soyez forcés de surveiller vos frontières occidentales et orientales, et à l'instant vos armées partagées vous obligent pour faire face au Nord, à ces efforts qui épuisent les États. De cette position pourraient résulter les plus grands malheurs. Oui, Messieurs, les plus grands malheurs, et je suis fondé à le dire. Que l'expérience nous instruise : par où sont passées les armées qui ont envahi notre territoire ? Par la Suisse et par l'Espagne, que l'ambition insensée et la fausse politique d'un homme avaient détachées de notre alliance. Politiques à vue bornée, n'allons pas croire que ce n'est rien pour nous que les innovations de l'Espagne, et exposer, par le contre-coup de nos fautes, l'indépendance de notre postérité. [...]

Messieurs, je le dirai franchement, la France ne doit point se mêler des établissements politiques de l'Espagne : c'est aux Espagnols à savoir ce qui convient à l'état de leur civilisation ; mais je souhaite de toute mon âme à ce grand peuple des libertés dans la mesure de ses mœurs, des institutions qui puissent mettre ses vertus à l'abri des inconstances de la fortune et du caprice des hommes. Espagnols, ce n'est point votre ennemi qui parle, c'est celui qui a annoncé le retour de vos nobles destinées quand on vous croyait descendus pour jamais de la scène du monde. Vous avez surpassé mes prédictions ; vous avez arraché l'Europe au joug que les empires les plus puissants n'avaient pu briser ; vous devez à la France vos malheurs et votre gloire : elle vous a envoyé ses deux fléaux, Buonaparte et la Révolution. (*Vive sensation à droite.*) Délivrez-vous du second comme vous avez repoussé le premier.

Qu'il me soit permis, Messieurs, de redresser la comparaison que l'on prétendrait faire entre l'invasion de Buonaparte et celle à laquelle on contraint la France aujourd'hui ; entre un Bourbon qui marche à la délivrance d'un Bourbon, et l'usurpateur qui venait saisir la couronne d'un Bourbon, après s'être emparé de sa personne par une trahison sans exemple ; entre un conquérant qui marchait, brisant les autels, tuant les religieux, déportant les prêtres, renversant les institutions du pays, et un petit-fils de saint Louis qui arrive pour protéger ce qu'il y a de sacré parmi les hommes, et qui, jadis proscrit lui-même, vient faire cesser les proscriptions. Buonaparte pouvait ne pas rencontrer d'amis parmi les sujets d'un Bourbon et chez les descendants du héros de la Castille ; mais nous n'avons ni assassiné le dernier des Condé, ni exhumé le Cid, et les bras armés contre Buonaparte combattront pour nous. [...]

La France n'abandonne point un système pacifique par choix, mais par nécessité. Si elle est forcée de recourir aux armes, c'est pour sa propre sûreté, et non, quoiqu'on en dise, pour rétablir l'inquisition et le despotisme. Elle ne prétend ni imposer des théories, ni combattre d'autres théories à coups de canon. Elle ne déclare point la guerre à des institutions : ce sont ces institutions qui lui font la guerre ; c'est sa vieille ennemie sous le manteau espagnol qui la provoque ; c'est la révolution qui, s'attachant aux pas des Bourbons, cherche une seconde victime.

Ne nous laissons pas étonner par des déclamations ou des menaces. S'il n'y avait à s'élever contre la guerre que des hommes dont les opinions sont honorables, on pourrait peut-être hésiter ; mais quand tous les révolutionnaires de l'Europe vocifèrent la paix d'un commun accord, ils sentent apparemment qu'ils sont compromis en Espagne ; ils craignent d'être chassés de leur dernier asile. Tel qui s'apitoie sur les maux où va nous précipiter la guerre, craint plus nos succès que nos revers. [...]

N'oublions jamais que si la guerre avec l'Espagne a, comme toute guerre, ses inconvénients et ses périls, elle aura eu pour nous cependant un immense avantage. Elle nous aura créé une armée, elle nous aura fait remonter à notre rang militaire parmi les nations ; elle aura décidé notre émancipation et rétabli notre indépendance. Il manquait peut-être encore quelque chose à la réconciliation complète des Français ; elle s'achèvera sous la tente ; les compagnons d'armes sont bientôt amis et tous les souvenirs se perdent dans la pensée d'une commune gloire. Le roi, ce roi si sage, si paternel, si pacifique a parlé : il a jugé que la sûreté de la France et la dignité de la couronne lui faisaient un devoir de recourir aux armes après avoir épuisé les conseils. Le roi a voulu que 100 000 soldats s'assemblassent sous les ordres d'un prince qui, au passage de la Drôme, s'est montré vaillant comme Henri IV ; le roi, avec une généreuse confiance, a remis la garde du drapeau blanc à des capitaines qui ont fait triompher d'autres couleurs ; ils lui rapprendront le chemin de la victoire : il n'a jamais oublié celui de l'honneur. (*Mouvement général d'adhésion à droite.*)

(*M. le ministre descend de la tribune ; un murmure approbateur l'accompagne jusqu'à sa place, une foule de députés s'approchent pour le féliciter. Un mouvement très-remarqué se fait dans toute la droite.*)

ALPHONSE DE LAMARTINE

La répression après l'insurrection des canuts

(13 mai 1834)

Alphonse de Lamartine (1790-1869) évolua vers la gauche au fil de ses mandats (député du Nord de 1833 à 1837, de Saône-et-Loire de 1837 à 1848, de la Seine de 1848 à 1849, du Loiret de 1849 à 1851). Conseiller général de Saône-et-Loire (1822-1851), puis président du Conseil général (à plusieurs reprises), il participa activement à la Révolution de février 1848, comme membre de la Commission du gouvernement provisoire, puis de la Commission exécutive de la IIe République (ministre des Affaires étrangères, février-mai 1848). Parmi ses œuvres : Les Méditations poétiques *(1820),* Harmonies poétiques et religieuses *(1830),* Voyage en Orient *(1835),* Jocelyn *(1836),* Histoire des Girondins *(1847). Membre de l'Académie française (1829).*

LE CONTEXTE : *Dans les premières années de la monarchie de Juillet, les républicains, qui réclament l'instauration du suffrage universel, sont réduits, faute de représentation parlementaire, à s'organiser en sociétés secrètes et à recourir aux manifestations de rue et émeutes. Les épisodes tragiques se succèdent : la révolte des canuts lyonnais est écrasée dans le sang à l'automne 1831 ; l'insurrection républicaine lors des obsèques du général Lamarque en juin 1832 se termine par le massacre du dernier carré d'insurgés dans le cloître Saint-Merri ; en avril 1834, le tristement célèbre massacre de la rue Transnonain met fin au soulèvement populaire contre les restrictions apportées au droit d'association. La Chambre discute la demande de crédits additionnels aux budgets du ministère de la guerre, jugés indispensables pour faire régner l'ordre…*

Quand un gouvernement, ou plutôt quand un ordre social tout entier est attaqué, non pas seulement par une idée, non pas par un ordre de choses appréciables qui tendraient à se substituer à l'ordre existant, mais par une négation de toute idée, de toute forme connue de société et de gouvernement, par une force aveugle et brutale qui se révèle à coups de fusil, et qui se nomme elle-même anarchie ; le premier mouvement de tous les citoyens, à quelque opinion politique qu'ils appartiennent, est de descendre dans la rue, et de voler au secours de la loi, comme on court au rempart quand l'assaut est annoncé ; et si le gouvernement qui, bien ou mal, représente l'ordre dans le pays vient ensuite demander de la force aux législateurs, le premier mouvement des législateurs est d'en accorder. Voilà ce qu'ont fait, dans les événements que nous déplorons, la garde nationale et l'armée ; voilà ce que nous sommes appelés à faire aujourd'hui nous-mêmes. (*Marques d'adhésion.*)

Mais si l'armée et la garde nationale n'ont qu'un devoir, celui de combattre et de vaincre, nous, Messieurs, nous en avons un autre, celui de rechercher les causes de ces perturbations incessantes qui ne sont que les symptômes d'un mal plus profond, celui d'éclairer le gouvernement s'il est aveugle ; celui de lui donner de sévères avertissements, s'il nous paraît coupable.

[…] voilà quatre ans que le gouvernement existe et que son existence n'est qu'un combat ; à peine est-il sorti vainqueur d'une lutte qu'il faut en recommencer une autre ; je ne lui en fais pas un crime, c'est peut-être un malheur. Mais je m'en fais, et il devrait s'en faire peut-être lui-même le sujet d'un doute, et se demander si une politique qui n'apaise rien, qui ne rectifie rien, qui ne résout rien, qui tourne les difficultés sans les trancher, qui n'appuie la société que sur le fusil du garde national et du soldat, est bien en effet la politique qui lui promette, et à nous aussi, avenir et sécurité ? […]

Je suis convaincu que cette majorité, que j'honore et que j'estime pour son énergique dévouement à l'ordre, se trompe sur les moyens de le rétablir pour longtemps ; qu'elle tarde trop à marcher avec prudence dans la route nouvelle que l'époque ouvre à des innovations toutes morales, toutes préservatrices ; qu'elle résiste à l'esprit d'organisation qui travaille toutes les pensées et qui devrait agir par elle ; qu'elle se laisse dépasser par la presse, par la pensée publique, par les intérêts mêmes des masses, qu'elle ne s'occupe que de la question politique déjà traversée, tandis que les questions sociales frappent à nos portes, et qu'elle veut faire une halte là où tout lui crie de faire un mouvement hardi, habile, et d'enlever le terrain à nos adversaires. Le gouvernement nourrit la majorité dans son inertie, et l'un et l'autre s'entretiennent ainsi dans un assoupissement que le canon de Lyon ou de Paris peut à peine réveiller. (*Murmures.*)

Cependant l'émeute éclate, le sang coule ; et après avoir déploré les crimes et les atrocités de l'attaque, il faut déplorer encore les sanglants scandales de la répression, ou plutôt, il faut se taire par patriotisme, jeter un voile sur ces scènes muettes, et se contenter de les montrer du doigt en silence, pour que le crime inconnu rougisse, et que l'humanité sache qu'elle a en nous des vengeurs ! On s'accuse mutuellement, on se rejette, comme vous voyez, le sang de la lutte, et le pouvoir vient demander à la législature des soldats pour combattre encore, des subsides pour payer ces soldats, et des lois pénales, où la peine de mort, effacée déjà de nos consciences et de nos mœurs, est prodiguée pour répondre à des menaces d'assassinat et de mort (*Vives réclamations !*), déplorables vicissitudes d'odieuses attaques et de pénibles défenses où la société n'a qu'à gémir même de ses victoires et dont chaque parti repousse à l'autre la fatale responsabilité !

Eh bien ! disons le mot, tous ont raison ; nous sommes tous coupables ! Les uns ont travaillé quinze ans à miner une monarchie chancelante et aveugle, qui est tombée sous leurs applaudissements au premier faux mouvement qu'elle a fait. Les autres travaillent aujourd'hui à discréditer tout pouvoir qui n'a pas leur sanction, à souiller tout drapeau qui n'est pas le leur, à livrer à la dérision populaire, et la force publique, et cette majesté même de la loi qui n'a de puissance que dans le respect qu'on lui prête, sans songer que si ce pouvoir revenait jamais à eux, ils le retrouveraient tel qu'ils l'ont fait, sali, bafoué, et impuissant dans leurs mains. Ceux-là précipitent le peuple dans toutes les impatiences de la colère, et ne lui présentent d'amélioration possible que dans la destruction radicale de tout ordre connu, comme si les ruines de la société ne devaient pas écraser aussi ce peuple par les mains duquel ils auraient secoué l'édifice ! Ceux-ci s'arrêtent, de peur de faire un faux pas ; enfants d'une révolution d'avenir, ils se retranchent sur un passé démantelé ; sur un terrain qui se dérobe sous eux ; ils croient que résister toujours, combattre toujours, c'est gouverner ! Ainsi, des fautes et des aveuglements de tous, se forme le malheur commun, et nul ne trouve le remède ; et l'ombre des gouvernements militaires plane déjà dans la pensée des hommes faibles ! Pensée honteuse ! désespoir de la liberté qui manquerait de foi en elle-même !

Qui de nous, Messieurs, osera dire que ce n'est pas là notre situation ? Eh bien ! cette situation ne peut pas durer. Les forces de pure résistance n'ont qu'une durée qu'on peut calculer à jour fixe. Tout s'émousse, même les baïonnettes. Il faut une force d'impulsion à votre politique ; il lui faut un sens social, une pensée organisatrice. Nous vous voterions en vain des impôts et des hommes, si le ciel ne vous donne pas l'intelligence de ce que la société demande de vous. Que demande-t-elle, Messieurs ? Elle demande d'abord de la morale et de la lumière, que vous lui donnez avec parcimonie dans votre système trop étroit d'éducation publique. (*Réclamations diverses.*) Elle demande un système d'élection plus vaste (*Mouvements en sens divers*), qui, en élargissant la base politique de la société, lui donne plus d'aplomb sur elle-même, et permette à toutes les classes de faire représenter leurs besoins et leurs intérêts devant la législation. Elle demande des enquêtes permanentes sur les maladies industrielles. Elle demande l'allègement ou le redressement de certains impôts qui, comme l'octroi et d'autres impôts indirects, atteignent aveuglément le riche et le pauvre, et portent d'un poids plus lourd sur les classes ouvrières. C'est ce qui a amené cette fatale collision... (*Murmures.*) Elle demande que vous retiriez de l'état où ils sont une partie surabondante de vos prolétaires, en leur fournissant du travail, soit par voie d'association, soit par avance de capitaux et de terres dans des colonisations à l'intérieur ou au-dehors. À tout cela on répond par des menaces à la propriété

N'en croyons rien, Messieurs. La propriété, c'est plus qu'un droit légal, c'est un droit de nature ; c'est la société même. On a beaucoup attaqué la propriété depuis quelque temps, soit à cette tribune, soit dans la presse ; mais sur ses véritables bases la propriété est invincible, je ne crains rien pour elle ; elle sera toujours assez forte mais à condition d'être juste, d'être bienfaisante. Éclairons cet égoïsme de l'État, cet égoïsme de la propriété qui n'a pas d'ennemi plus dangereux que lui-même : nous ne sommes pas, nous ne voulons pas être des tribuns du peuple, mais nous sommes tous, mais nous devons toujours être les tribuns de la justice et de l'humanité. [...]. Eh bien, Messieurs, je vais vous le dire [...] : ce qu'il faut au peuple, ce qu'il faut au gouvernement, ce qu'il faut aux oppositions c'est l'amour du peuple, c'est le zèle du bonheur des masses, c'est la charité dans nos lois ! Jetons-en à pleines mains, Messieurs ; elle sera plus puissante que la force brutale, et que ces menaces de peine de mort, peine de mort que, pour ma part, je ne sanctionnerai jamais ! [...]

Cependant, Messieurs, les fautes des gouvernements et des partis depuis quatre ans placent le législateur consciencieux dans un redoutable dilemme. L'armée, grâce à ces fautes, est devenue aujourd'hui la dernière raison de la liberté même. Elle a garanti courageusement l'ordre social ; elle aura à le préserver encore. On nous demande de la fortifier pour le péril du moment ; si la société venait à être vaincue, on en ferait porter sur nous la responsabilité. Eh bien ! fortifions-la encore, comme un rempart provisoire contre un état d'agression que notre sagesse doit faire cesser. Que ce soit notre dernière concession à la nécessité, dont le pays rougit et s'afflige ! [...] Quand notre société sera mieux faite, nous n'aurons pas si souvent à la défendre.

Je vote pour la loi, avec les réductions de temps et de nombre proposées par la commission.

ALEXIS DE TOCQUEVILLE

La Révolution de 1848

(27 janvier 1848)

Alexis de Tocqueville (1805-1859), député de Valognes (de 1839 à 1851), conseiller général (1842-1849), puis président du conseil général de la Manche (1849-1852), ministre des Affaires étrangères sous la IIe République (juin-octobre 1849). Après le coup d'État du 2 décembre 1851, il refuse de se rallier à Louis-Napoléon Bonaparte et se retire de la vie publique. Deux ouvrages majeurs : De la Démocratie en Amérique *(1835 ; 1840),* L'Ancien Régime et la Révolution *(1856). Membre de l'Académie française (1841).*

LE CONTEXTE : *Depuis plusieurs mois, l'opposition au gouvernement de Guizot organise une campagne de « banquets », plus difficiles à réprimer que des réunions ouvertement politiques : elle réclame l'élargissement du suffrage censitaire, voire l'instauration du suffrage universel. La crise économique frappe durement le pays, avec la hausse du prix du pain et la généralisation du chômage. Dans les États germaniques, l'Empire des Habsbourg, en Italie, revendications nationales et libérales remettent en question les gouvernements autoritaires. Le 23 février, la Révolution de 1848 éclate à Paris, premier acte du « printemps des peuples » qui secoue l'Europe.*

La France avait jeté dans le monde, la première, au milieu du fracas du tonnerre de sa première révolution, des principes qui, depuis, se sont trouvés des principes régénérateurs de toutes les sociétés modernes. Ç'a été sa gloire, c'est la plus précieuse partie d'elle-même. Eh bien ! Messieurs, ce sont ces principes-là que nos exemples affaiblissent aujourd'hui. L'application que nous semblons en faire nous-mêmes fait que le monde doute d'eux. [...]

Messieurs, si le spectacle que nous donnons produit un tel effet vu de loin, aperçu des confins de l'Europe, que pensez-vous qu'il produise, en France même, sur ces classes qui n'ont point de droits, et qui, du sein de l'oisiveté politique à laquelle nos lois les condamnent, nous regardent seuls agir sur le grand théâtre où nous sommes ? Que pensez-vous que soit l'effet que produise sur elles un pareil spectacle ?

Pour moi, je m'en effraye. On dit qu'il n'y a point de péril, parce qu'il n'y a pas d'émeute ; on dit que, comme il n'y a pas de désordre matériel à la surface de la société, les révolutions sont loin de nous.

Messieurs, permettez-moi de vous dire que je crois que vous vous trompez. Sans doute, le désordre n'est pas dans les faits, mais il est entré bien profondément dans les esprits. Regardez ce qui se passe au sein de ces classes ouvrières qui, aujourd'hui, je le reconnais, sont tranquilles. Il est vrai qu'elles ne sont pas tourmentées par les passions politiques proprement dites, au même degré où elles en ont été tourmentées jadis ; mais ne voyez-vous pas que leurs passions, de politiques, sont devenues sociales ? Ne voyez-vous pas qu'il se répand peu à peu dans leur sein des opinions, des idées, qui ne vont point seulement à renverser telles lois, tel ministère, tel gouvernement même, mais la société, à l'ébranler sur les bases sur lesquelles elle repose aujourd'hui ? N'écoutez-vous pas ce qui se dit tous les jours dans leur sein ? N'entendez-vous pas qu'on y répète sans cesse que tout ce qui se trouve au-dessus d'elles est incapable et indigne de les gouverner ; que la division des biens faite jusqu'à présent dans le monde est injuste ; que la propriété repose sur des bases qui ne sont pas des bases équitables ? Et ne croyez-vous pas que, quand de telles opinions prennent racine, quand elles se répandent d'une manière presque générale, quand elles descendent profondément dans les masses, elles doivent amener tôt ou tard, je ne sais pas quand, je ne sais pas comment, mais elles doivent amener tôt ou tard les révolutions les plus redoutables ?

Telle est, Messieurs, ma conviction profonde ; je crois que nous nous endormons à l'heure qu'il est sur un volcan (*Réclamations*), j'en suis profondément convaincu. (*Mouvements divers.*) [...]

Est-ce que vous ne ressentez pas, par une sorte d'intuition instinctive qui ne peut pas s'analyser, mais qui est certaine, que le sol tremble de nouveau en Europe ? (*Mouvement.*) Est-ce que vous ne sentez pas... que dirai-je ? un vent de révolutions qui est dans l'air ? Ce vent, on ne sait où il naît, d'où il vient, ni croyez-le bien, qui il enlève : et c'est dans de pareils temps que vous restez calmes en présence de la dégradation des mœurs publiques, car le mot n'est pas trop fort. [...]

Est-ce que vous avez, à l'heure où nous sommes, la certitude d'un lendemain ? Est-ce que vous savez ce qui peut arriver en France d'ici à un an, à un mois, à un jour peut-être ? Vous l'ignorez ; mais ce que vous savez, c'est que la tempête est à l'horizon, c'est qu'elle marche sur vous ; vous laisserez-vous prévenir par elle ? (*Interruption au centre.*) [...]

On a parlé de changements dans la législation. Je suis très porté à croire que ces changements sont non seulement utiles, mais nécessaires ; ainsi je crois à l'utilité de la réforme électorale, à l'urgence de la réforme parlementaire ; mais je ne suis pas assez insensé, Messieurs, pour ne pas savoir que ce ne sont pas les lois elles-mêmes qui font la destinée des peuples ; non, ce n'est pas le mécanisme des lois qui produit les grands événements de ce monde : ce qui fait les événements, Messieurs, c'est l'esprit même du gouvernement. Gardez les lois si vous voulez ; quoique je pense que vous ayez grand tort de le faire, gardez-les ; gardez même les hommes, si cela vous fait plaisir, je n'y fais, pour mon compte, aucun obstacle ; mais, pour Dieu, changez l'esprit du gouvernement, car, je vous le répète, cet esprit-là vous conduit à l'abîme. (*Vive approbation à gauche.*)

VICTOR HUGO

Mise en garde contre les ambitions de Louis-Napoléon Bonaparte

(17 juillet 1851)

Victor Hugo (1802-1885), membre de la Chambre des Pairs nommé par Louis-Philippe (1845-1848), député de Paris (1848-1851). Sous la IIe République, il soutient le parti de l'ordre, avant d'opérer un tournant vers la gauche républicaine à partir de 1850. Après avoir tenté d'organiser la résistance contre le coup d'État du 2 décembre 1851, il choisit l'exil. En 1859, il refuse l'amnistie en ces termes : « Quand la liberté rentrera, je rentrerai. » *Après son retour en 1870, il est élu représentant de la Seine en février 1871 et démissionne quelques semaines plus tard, pour protester contre l'éviction de Garibaldi, élu député, mais empêché de siéger, au motif qu'il n'est pas Français ; il est sénateur de Paris, de 1876 à sa mort. Parmi son œuvre considérable, embrassant tous les genres, poésie, théâtre, roman :* Le Dernier jour d'un condamné *(1829),* Hernani *(1830),* Notre-Dame de Paris *(1831),* Ruy Blas *(1838),* Les Châtiments *(1853),* Les Contemplations *(1856),* La Légende des Siècles *(1859),* Les Misérables *(1862),* Quatrevingt-treize *(1874). Membre de l'Académie française (1841).*

LE CONTEXTE : *Au printemps de 1851, le conflit entre l'Assemblée et le président de la République, Louis-Napoléon Bonaparte, se durcit, dans la perspective de l'élection présidentielle prévue en mai 1852. La constitution de la IIe République prévoit une clause de non-rééligibilité immédiate pour le chef de l'exécutif, mais nul n'imagine que le « Prince-président » quitte de son plein gré la scène politique à l'issue de son mandat. Face à la pression exercée par les bonapartistes qui orchestrent les cris payés de « Vive l'Empereur ! » et à la menace d'un coup d'État, certains députés se résignent à proposer une révision de la constitution supprimant la clause de non-rééligibilité. Mais le projet de révision ne réunira pas la majorité requise…*

M. VICTOR HUGO : Quoi ! parce qu'il y a dix siècles de cela, Charlemagne, après quarante années de gloire, a laissé tomber sur la face du globe une épée et un sceptre tellement démesurés, que personne ensuite n'a pu et n'a osé y toucher ; et pourtant il y a eu, dans l'intervalle, des hommes qui se sont appelés Philippe-Auguste, François Ier, Henri IV, Louis XIV ; quoi ! parce que, mille ans après, car il ne faut pas moins d'une gestation de mille années à l'humanité pour reproduire de pareils hommes, un autre génie est venu qui a ramassé ce glaive et ce sceptre et qui s'est dressé debout sur le continent, qui a fait l'histoire gigantesque dont l'éblouissement dure encore, qui a enchaîné la révolution en France et qui l'a déchaînée en Europe ; qui a donné à son nom pour synonymes éclatants Friedland, Montmirail, Rivoli, Iéna, Essling ; quoi ! parce que, après dix années d'une gloire immense, d'une gloire presque fabuleuse à force de grandeur, il a, à son tour, laissé tomber d'épuisement ce glaive et ce sceptre qui avait accompli tant de choses colossales, vous venez, vous, vous voulez, vous, les ramasser après lui, comme il les avait ramassés, lui, Napoléon, après Charlemagne ! (*Bravos à gauche. – Rumeurs sur plusieurs bancs de la majorité.*)

M. DE LA MOSKOWA[1] : M. le président devrait faire respecter le Gouvernement de la République dans la personne du Président de la République.

M. LEPIC[2] : On déshonore la République !

M. DE LA MOSKOWA : Ces messieurs crient : *Vive la République !* et insultent le Président.

M. VICTOR HUGO : Vous voulez prendre, dans vos petites mains, ce sceptre des Titans, cette épée des géants ? Pour quoi faire ? Quoi ! après Auguste, Augustule !… Quoi ! parce que nous avons eu Napoléon-le-Grand, il faut que nous ayons Napoléon-le-Petit ! (*Applaudissements et rires prolongés sur quelques bancs à gauche. – Rumeurs sur plusieurs bancs à droite.*) […]

Je réponds à M. le ministre et à M. le président, qui m'accusent d'offenser le Président de la République, qu'ayant le droit constitutionnel d'accuser M. le Président de la République, j'en userai le jour où je le jugerai convenable, et je ne perdrai pas mon temps à l'offenser ; mais ce n'est pas l'offenser que de dire qu'il n'est pas un grand homme. (*Vives réclamations sur quelques bancs de la droite.*) […]

M. LE PRÉSIDENT : Si vous continuez, après mon avertissement, je vous rappellerai à l'ordre.

1. Edgar-Napoléon-Henri Ney de la Moscowa, député bonapartiste de la Charente.

2. Joseph-Napoléon Lepic, député bonapartiste de Seine-et-Oise.

M. VICTOR HUGO : Voici ce que j'ai à dire, et M. le président ne m'empêchera pas de compléter mon explication. (*Vive agitation.*)

Ce que nous demandons à M. le Président, responsable de la République, ce que nous attendons de lui, ce que nous avons le droit d'attendre fermement de lui, ce n'est pas qu'il tienne le pouvoir en grand homme, c'est qu'il le quitte en honnête homme.

À gauche : Très-bien ! très-bien ! [...]

M. VICTOR HUGO : Mon Dieu ! Messieurs, comme vous tous, comme tout le monde, j'ai lu, j'ai tenu dans mes mains ces journaux, ces pamphlets, ces brochures impérialistes ou césaristes, comme on dit aujourd'hui ; une idée me frappe, et elle avait frappé avant moi d'autres orateurs ; mais à un point de vue différent : que dirait ce Napoléon, ce soldat de la France, qui est là couché aux Invalides, à l'ombre des canons, et dont on invoque si souvent et si étrangement le nom ; que dirait-il, lui, qui, parmi tant de combats glorieux, est allé à huit cents lieues de Paris, [...] provoquer la vieille barbarie moscovite, à ce grand duel de 1812 ; que dirait ce sublime esprit qui n'entrevoyait qu'avec horreur la possibilité d'une Europe cosaque, et qui certes, [...] a préféré l'Europe républicaine ; que dirait-il, lui, si du fond de son tombeau, il pouvait voir que son empire, son glorieux et belliqueux empire a aujourd'hui, pour panégyristes, pour apologistes, pour théoriciens et pour reconstructeurs qui ?... Les hommes qui, dans notre époque rayonnante et libre, se tournent perpétuellement vers le nord, avec un désespoir qui serait risible, s'il n'était monstrueux, et qui, chaque fois que nous prononçons ces mots : Liberté, humanité, démocratie, progrès, se couchent à plat ventre avec terreur et se collent l'oreille contre terre pour écouter s'ils n'entendront pas enfin venir le canon russe.

(Explosion de réclamations à droite. – Cris : À l'ordre ! à l'ordre !*)*

EDGAR QUINET

L'Alsace et la Lorraine sont françaises

(1er mars 1871)

Edgar Quinet (1803-1875), républicain convaincu, il est député de l'Ain à la Constituante en 1848, puis à l'Assemblée législative (1849-1851) ; opposant farouche à Louis-Napoléon Bonaparte, il choisit l'exil jusqu'en 1870. Député de Paris de février 1871 à sa mort. Parmi ses nombreuses œuvres (poésie, essais philosophiques et historiques) : Ahasverus *(1833),* Napoléon *(1836),* L'Enseignement du peuple *(1850),* Merlin l'enchanteur *(1860),* La Révolution *(1865),* La République, conditions de la régénération de la France *(1872).*

LE CONTEXTE : *L'armistice signé le 26 janvier 1871 avec le tout nouveau Reich allemand prévoit l'élection d'une Assemblée nationale, seule habilitée à ratifier le traité de paix, au prix de la cession de l'Alsace-Lorraine. Compte tenu de l'occupation d'une partie du territoire, l'Assemblée se réunit à Bordeaux le 13 février. Le 17 février, les députés d'Alsace et de Lorraine protestent contre la cession, mais Thiers, nommé chef de l'exécutif, entame les négociations avec Bismarck.*

M. EDGAR QUINET : Messieurs, ayant passé une partie de ma vie à suivre de près la politique de la

Prusse et de l'Allemagne, je vous prie de m'accorder un moment d'attention [...].

Ceux qui désirent le plus ardemment la paix ont, ce me semble, un devoir à remplir : ils se garderont bien de publier trop haut leurs intentions, car ils se mettraient ainsi à la merci du vainqueur. Toute négociation serait impossible si l'on admettait d'avance, sans examen, que la paix est le seul refuge de la France. La vérité, la raison, l'amour du pays, exigent le contraire. Mesurons ce que pourrait encore un grand peuple que l'ennemi prétendrait pousser au désespoir. Je dis que les ressources de ce peuple sont encore immenses, et que plus d'une nation s'est relevée d'une situation pire que la nôtre.

Pour guérir les plaies de la France, une première condition est nécessaire : il faut que la France sache qu'elle est rentrée dans la liberté, et qu'elle ne peut plus en sortir ; il faut qu'elle sache qu'elle porte encore en elle l'avenir du monde sous l'égide de la République... [...]

Ses forces en seront doublées.

Maintenant, voyons ce que veut l'ennemi.

Après ses dures paroles, ses dures conditions, je crains que sa pensée secrète ne soit plus dure encore.

Jusqu'ici, les conquérants se contentaient de mettre la main sur un territoire, de s'en emparer par la force. Ils le gardaient s'ils le pouvaient. C'était le droit de la guerre. Aujourd'hui les prétentions de la Prusse sont toutes nouvelles. Après avoir saisi l'Alsace et la Lorraine, elle prétend faire voter, consacrer cette prise de possession par le suffrage universel. Ce qui n'est jusqu'ici qu'une déprédation deviendrait ainsi le droit consenti par les Français.

Ici se montre le secret, la pensée intime des puissances allemandes [...]. Faire servir une Assemblée nationale à démembrer la nation, voilà le dessein de l'ennemi.

Ainsi l'esprit féodal allemand se vengerait de nos libres institutions démocratiques en faisant d'elles l'instrument de notre ruine. [...]

Mais ces principes de mort, pouvons-nous y souscrire ? et où chercherais-je le droit de livrer des populations qui ne veulent pas être livrées ?

Vous le savez comme moi, une Assemblée ne peut pas tout ce qu'elle veut ; elle ne peut rien contre la force des choses. Or, s'il est une vérité consacrée, c'est que l'Alsace et la Lorraine font partie intégrante et nécessaire de la France.

Vous l'avez entendu dernièrement de la bouche de leurs représentants, cette terre d'Alsace et de Lorraine crie : Je suis France ! je veux rester France ! Il n'appartient qu'à la force de soutenir le contraire. (*Approbation sur plusieurs bancs.*) [...]

Pour moi, je l'avoue, je ne me sens pas le droit de dire à mes compatriotes, liés à nos destinées depuis des siècles : vous êtes français comme moi, je vous ai toujours connus français, et maintenant, aujourd'hui ou demain, vous allez cesser de l'être, vous deviendrez Prussiens, Allemands, que sais-je, tout ce que l'on voudra ; cela est absurde ; mais pourtant cela sera en vertu de mon vote et de mon libre arbitre.

Eh bien, Messieurs, ces paroles, je ne puis les prononcer, personne ne m'a donné le droit de les prononcer, parce qu'elles contiennent en elles une iniquité et une impossibilité. (*Approbation à gauche.*)

Voilà pour le fond de la question. Venons maintenant aux prétextes.

Sur quoi se fonde l'Allemagne pour s'attribuer, dans le butin, l'Alsace et la Lorraine ? C'est, dit-elle, que ces provinces lui sont nécessaires pour la couvrir contre une agression future de la France.

Or, ce prétexte est détruit lui-même à nos yeux. Il n'est pas vrai que dans la constitution actuelle de la France et de l'Europe, l'Alsace et la Lorraine soient des positions agressives contre l'Allemagne. Cela a été démontré avec une évidence funèbre dans cette dernière guerre [...].

Mais la vérité, la voici : par les traités de 1814 et 1815, les puissances allemandes ont pris contre la France toutes leurs précautions ; elles ont ôté à la France tout ce qui pouvait lui être ôté sans la détruire.

Souvent nous entendons répéter : l'Alsace et la Lorraine sont des provinces intéressantes, mais songez à la France.

La question, Messieurs, est ainsi mal posée ; ce n'est que la moitié de la vérité. Pour la rétablir dans son entier, il faut dire : l'Alsace et la Lorraine ne sont pas seulement des provinces, elles sont les deux boulevards de la France, elles en sont les deux remparts ; ôtez-les à la France, et elle est ouverte à l'ennemi. Que la Prusse possède ces remparts, et la Prusse peut s'étendre à son gré dans la France centrale ; elle peut déborder, sans trouver d'obstacles, jusqu'à la Marne ; l'ennemi est maître chez vous, il est à perpétuité sur le chemin de Paris, il tient la France à la gorge !

Est-ce là, je vous le demande, une paix ? non, c'est la guerre à perpétuité sous le masque de la paix. Si c'est là ce que demande la Prusse, il est donc bien vrai qu'elle veut, non pas seulement notre déchéance, mais notre anéantissement.

Or c'est là ce que je ne signerai jamais ! Si le présent est funeste, sauvons au moins le lendemain ! nous ne le pouvons qu'en repoussant les préliminaires de paix qui détruisent à la fois le présent et l'avenir ! (*Approbation sur plusieurs bancs à gauche*.)

M. THIERS, *chef du pouvoir exécutif* : Et le moyen ! et le moyen !

XXe siècle

MAURICE BARRÈS

La protection des églises de France

(16 janvier 1911)

Maurice Barrès (1862-1923), député de Meurthe-et-Moselle (1889-1893), puis de Paris (de 1906 à sa mort). Partisan résolu du général Boulanger lors de son premier mandat, il s'engage avec virulence dans le camp des antidreyfusards et évolue vers un nationalisme imprégné de traditionalisme qui se fonde sur le culte de la Terre et de ses morts. Œuvres principales : Triptyques du Culte du Moi *(1888-1891) et du* Roman de l'énergie nationale *(1897-1902),* Scènes et doctrines du nationalisme *(1902),* Les Bastions de l'Est, *autre trilogie romanesque (1905-1921),* La Colline inspirée *(1913),* La grande pitié des églises de France *(1914). Membre de l'Académie française (1906).*

LE CONTEXTE : *La loi de séparation de l'Église et de l'État (9 décembre 1905) dispose que les biens des établissements publics des cultes sont transférés aux associations cultuelles qui doivent en assurer l'entretien (mais ils demeurent propriété de l'État, des départements et des communes). L'inventaire de ces biens ainsi que l'application de la loi suscite des remous, en particulier sur la question du financement des travaux d'entretien. Par ailleurs, la nécessité de protéger le patrimoine, religieux ou non, par intervention de l'État ne s'impose que très progressivement. La campagne de Barrès pour la sauvegarde des églises a joué un rôle important dans la genèse de la loi du 31 décembre 1913, texte fondateur du droit du patrimoine culturel.*

Messieurs, j'ai adressé, il y a quelques mois, une lettre publique à M. le président du conseil pour lui signaler les dangers que courent les églises depuis l'application de la loi de séparation, et pour lui demander quelles mesures il songe à prendre afin de protéger la physionomie architecturale, la figure physique et morale de la terre française. (*Très bien ! très bien ! à droite.*)

La réponse publique qu'il m'a fait l'honneur de m'adresser ne contient pas une solution claire, rassurante, décisive. Les églises continuent de se déliter et quelques-unes de s'écrouler. Et ce désastre ne peut que s'étendre à mesure que les années viendront, car aujourd'hui les églises profitent encore du bon entretien que le régime concordataire[1] leur assurait, mais la pluie, la neige, les hivers vont faire leur besogne. Ajoutez que sur certains points de nos campagnes on est trop pauvre pour soutenir l'église et que sur d'autres elle est minée par les manœuvres de sectaires acariâtres et virulents.

Comment protéger nos églises contre les saisons, contre la pauvreté et contre les sectaires ? C'est un des plus grands problèmes laissés en suspens dans le nouveau régime des cultes. [...]

1. Le régime instauré par le Concordat signé en 1801 par Napoléon Bonaparte et l'Église catholique, étendu par la suite au protestantisme et au judaïsme. L'État garde une capacité de contrôle importante sur l'organisation des Églises, mais salarie les clergés et aide à l'entretien des édifices cultuels.

Je ne viens pas parler pour les belles églises. Je veux croire aujourd'hui que leur beauté les préservera, ou plutôt – car mon enquête m'a prouvé que par centaines elles sont en danger – j'ajourne ce débat spécial. Aujourd'hui je vous demande la sauvegarde pour toutes les églises, pour celles qui sont laides, dédaignées, qui ne rapportent rien aux chemins de fer, qui ne font pas vivre les aubergistes… (*Exclamations ironiques à gauche. – Mouvements divers.*) […]

Je vous demande la sauvegarde pour toutes les églises, pour celles-là même dont personne ne dit : « Quelle belle salle de bal cela ferait, quel musée ! Il faut la conserver. » Enfin, je viens parler en faveur des églises qui n'ont pour elles que d'être des lieux de vie spirituelle. […]

Je vous l'ai déjà dit, ne me plaçant aucunement à un point de vue confessionnel, je ne songe ni à contester les droits nécessaires de la raison, ni à humilier celle-ci devant aucun dogme. (*Très bien ! Très bien ! au centre.*)

Je dis simplement qu'il ne faut pas compter sur le rationalisme non plus que sur la science pour cultiver toute l'âme humaine. Il y a une part dans l'âme, et la plus profonde, qu'ils ne rassasient pas et qu'ils ne peuvent même pas atteindre. […]

Cette inquiétude, cette tristesse, cet inassouvi au milieu du laboratoire, c'est ce qu'Albert Dürer a représenté dans cette sublime gravure de Melancholia, au bas de laquelle on pourrait écrire « Insuffisance de la science pour contenter une grande âme. » C'est l'aventure de Faust, l'aventure de tous les Faust, des plus hautes et des plus savantes intelligences.

Et prenez bien garde que cette émotion de qualité religieuse, ces forces profondes orientées vers le mystère qui est au fond de toute réalité, elles existent chez chacun de nous.

Sans doute le cours de la vie, la médiocrité et la fatigue des besognes quotidiennes nous empêchent, et nos chétives aventures sont moins fécondes en réflexions que la magnifique détresse de Faust et de Pascal. Cependant la naissance, la fondation d'une famille, la mort, les extrêmes malheurs comme les maladies inguérissables dont on a l'idée que l'on ne pourra pas guérir, le sens de l'injustice constante et continue de certaines vies ramènent l'attention du plus simple sur ce qu'il y a d'incompréhensible et d'implacable dans la destinée humaine. Le gémissement d'une vieille femme agenouillée dans l'église de son village est du même accent, traduit la même ignorance, le même pressentiment que la méditation du savant et du poète. (*Vifs applaudissements*.) […]

Eh bien ! une fois les églises du village jetées par terre, avec quoi donnerez-vous satisfaction à tout ce monde d'aspirations auquel nos églises répondaient ? Où cultiverez-vous ces facultés de la vie émotive qui s'abritent, s'affinent et s'apaisent, depuis des siècles, dans l'église ? […]

Oui, Messieurs, le fond religieux est à la fois très fécond et très redoutable : l'église y porte une discipline. […]

Messieurs, vous avez reproché à la théologie de mutiler la vie, ne faites pas de même. Vous avez reproché à la conception théologique du monde d'être un cercle trop tôt fermé et dans lequel le monde étouffait ; prenez garde à votre tour qu'après avoir prétendu étendre ce cercle jusqu'à lui faire embrasser la totalité de l'univers, vous ne vous laissiez aller, dans un stérile esprit de lutte et de rancune, à le fermer trop tôt et à laisser en dehors une grande partie de ce qui est l'aliment de la vie et de l'âme. (*Vifs applaudissements au centre, à droite et sur divers bancs à gauche. – L'orateur, en regagnant son banc, reçoit les félicitations de ses amis*.)

CHARLES DE GAULLE

Bilan de la guerre

(15 mai 1945)

Charles de Gaulle (1890-1970), président du Gouvernement provisoire de la République française (créé le 3 juin 1944) jusqu'à sa démission le 20 janvier 1946, dernier président du Conseil de la IVe République (mai 1958), jusqu'à sa prise de fonctions comme premier président de la Ve République (janvier 1959). Œuvres majeures : Le Fil de l'épée *(1932),* Vers l'armée de métier *(1934),* Mémoires de guerre (*1954-1959*), Mémoires d'espoir (*1970-1971*).

LE CONTEXTE : *L'Allemagne vient de capituler sans conditions. Le Japon continue la lutte. Le président du GPRF rappelle les enjeux du conflit qui s'achève et les principes qui ont guidé l'organisation des mouvements de Résistance. Il s'agit à présent de reconstruire la France.*

Mesdames, Messieurs,

La victoire est aux dimensions de la guerre. L'Allemagne, entraînée jusqu'au fanatisme dans le rêve de la domination, avait voulu que matériellement, politiquement, moralement, la lutte fût une lutte totale. Il fallait donc que la victoire fût une victoire totale. Cela est fait. En tant qu'État, en tant que puissance, en tant que doctrine, le Reich allemand est complètement détruit. Une fois de plus, il est prouvé que pour un peuple, si résolu et puissant qu'il soit, l'ambition effrénée de dominer les autres peut arracher des succès plus ou moins éclatants et plus ou moins prolongés, mais que le terme est l'effondrement.

Alors qu'est à peine séchée l'encre de la capitulation en partie double de Reims et de Berlin, le jour n'est pas venu de s'étendre sur les péripéties du drame qui finit. Les dimensions mêmes des faits, *a fortiori* leurs conséquences, ne pourront se mesurer qu'avec le recul du temps. Une chose est certaine : la France a engagé dans cette guerre son existence en tant que nation et jusqu'au destin physique et moral de chacun de ses enfants, mais elle a gagné la partie.

Que la France ait été exposée aux plus grands périls possibles, il n'en pouvait être autrement. Stratégiquement, les terres françaises devaient, de par la nature, jouer un rôle capital. C'est sur le sol de la France que fut, d'abord, scellée la victoire de l'ennemi, ensuite décidée sa défaite. Qu'on imagine ce qu'eût été le développement du conflit si la force allemande avait pu disposer des possessions françaises d'Afrique ! Au contraire, quelle fut l'importance de notre Afrique du Nord comme base de départ pour la libération de l'Europe ! Dans le domaine politique, il fallait que la France fût abattue pour que parût réalisable l'horrible projet allemand de transformer l'Europe en un Empire formé de maîtres et d'esclaves. De fait,

Paris une fois pris, l'Italie et l'Espagne se trouvaient décidément entraînées dans l'orbite de la corruption, les Balkans étaient à merci et il devenait possible de tenter de détruire la Russie. Au point de vue moral, enfin, il dépendait du choix de la France que les monstrueuses conceptions, qui inspiraient le dynamisme, l'organisation, les procédés du national-socialisme, prissent le caractère de doctrines universelles ou restassent bloquées à l'étage dégradant du crime et de l'oppression. En vérité, cette conjonction de facteurs géographiques, matériels, spirituels, qui a fait de la France ce qu'elle est, la vouait dans le déchirement du monde à rester en vedette des événements et à courir d'insignes dangers.

Eh bien ! ni le malheur militaire, ni la faillite des institutions, ni le mensonge, ni la violence, n'ont pu faire taire l'instinct national, ni détourner notre peuple de son éternelle vocation.

Dès le 3 septembre 1939, nous avons tiré l'épée, seuls avec l'Angleterre, pour défendre le droit violé sous les espèces de la Pologne. Nous connaissions, pourtant, la disproportion des forces. Nous mesurions l'affaiblissement relatif que nous avaient causé les pertes immenses, non réparées et non compensées, de la précédente guerre. Nous n'ignorions rien de l'état de dispersion mortelle où se trouvaient les démocraties. Nous savions bien n'avoir à compter que sur des concours limités très étroitement. [...] Pourtant, nous n'avons pas attendu d'être attaqués et envahis pour prendre délibérément le plus grand risque de notre Histoire. Nous l'avons fait sans passion de conquêtes, sans fureur de revanche, sans affolement de vanité. Nous l'avons fait parce que nous avons répondu à la loi éternelle qui fait de nous l'avant-garde d'une civilisation fondée sur le droit des peuples et le respect de la personne humaine. Quoi qu'il nous en ait coûté et lors même qu'aujourd'hui ces services et ces mérites paraissent avoir perdu de leur poids, nous ne regrettons pas d'avoir donné cet exemple.

Cependant, la foudroyante surprise infligée par la force mécanique allemande à notre système militaire, l'impuissance d'un régime politique inadéquat aux grandes épreuves, l'avènement de l'abandon sous l'équivoque d'une gloire sénile, précipitaient la France dans les ténèbres de l'oppression. Dans un tel anéantissement, il ne lui restait plus, pour combattre et pour vaincre que les forces profondes et spontanées de son peuple. Il s'agissait de savoir si, à partir de rien, ayant contre elle non seulement l'ennemi, avec ses pompes et ses œuvres, mais encore toute l'autorité usurpée, certes, mais peinte aux couleurs de la loi, elle verrait, ou non, sourdre de ses entrailles une source capable de la maintenir dans la lutte et de refaire, au fond de l'abîme, l'État, la force, l'unité nationale. [...]

L'effort fut entrepris dans les conditions voulues pour qu'il n'y eût pas d'interruption dans la belligérance française. Il fut tel que ceux qui y prirent part n'ont jamais, – non, pas un seul instant, – cessé de ressentir cette conviction ardente, inlassable, lumineuse, qui surmonte tous les obstacles et que seule peut inspirer l'âme même de la patrie.

Mais, pour que le but fût atteint, il fallait que l'effort fût de bout en bout, non point du tout le concours dispersé qu'apporteraient des groupes de Français à la lutte livrée par diverses puissances, mais bien une action nationale, unique, indépendante, souveraine, embrassant à la fois le dedans et le dehors, élevée au-dessus de toute tendance particulière, de tout clan, de tout parti, n'admettant d'autres lois que celles que le pays s'était à lui-même données, ne composant à aucun degré et vis-à-vis de personne avec les droits, les intérêts, l'autorité de l'État, et rassemblant à mesure des événements tous les citoyens, toutes les forces, toutes les terres. Il le fallait pour qu'à la fin la France fût debout, menant un seul combat, avec une seule épée, un seul territoire, une seule justice et une seule loi. [...]

Qu'on se rappelle les faits d'armes par quoi des unités héroïques, et dont le mérite et la gloire sont parmi les plus grands de notre Histoire militaire, ont, seules, porté en Érythrée, en Libye, en Orient, au Fezzan, sur toutes les mers et dans tous les ciels, l'honneur des armes de la France et relié ainsi le passé avec l'avenir ! Qu'on pense aux grands combats de Tunisie et d'Italie, où nos armées renaissantes jouèrent un rôle si glorieux et si efficace. [...]

II est vrai qu'à chaque pas de la route vers la victoire l'exemple de ceux qui tombaient venait exalter les vivants. Soldats tombés dans les déserts, les montagnes ou les plaines, marins noyés que bercent pour toujours les vagues de l'océan, aviateurs précipités du ciel pour être brisés sur la terre, combattants de la Résistance tués aux maquis et aux poteaux d'exécution, vous tous, qui, à votre dernier souffle, avez mêlé le nom de la France, c'est vous qui avez exalté les courages, sanctifié l'effort, cimenté les résolutions. Vous fûtes les inspirateurs de tous ceux et de toutes celles qui, par leurs actes, leur dévouement, leurs sacrifices, ont triomphé du désespoir et lutté pour la patrie. Vous avez pris la tête de l'immense et magnifique cohorte des fils et des filles de la France, qui ont, dans les épreuves, attesté sa grandeur, ou bien sous les rafales qui balayaient les champs de bataille, ou bien dans l'angoisse des cachots, ou bien au plus fort des tortures des camps de déportation. Votre pensée fut, naguère, la douceur de nos deuils. Votre exemple est, aujourd'hui, la raison de notre fierté. Votre gloire sera, pour jamais, la compagne de notre espérance.

Mais s'il est vrai que nous pouvons maintenant regarder sans baisser la tête la route que nous venons de suivre, nous avons acquis assez complètement et depuis assez longtemps l'expérience de la victoire pour ne point nous laisser éblouir par celle-ci. Dans une guerre qui commença par un désastre effrayant, la France parvint à l'emporter avec le concours de ses puissants Alliés. Mais elle n'en mesure pas moins avec une lucidité entière toute la profondeur de l'abîme dont elle sort, toutes les fautes amères qui l'y avaient précipitée, tous les hasards exceptionnels qui l'en ont à la fin tirée. La nation voit les choses telles qu'elles sont. Elle sait d'abord que, pour que justice soit faite à l'Univers, le Japon, à son tour, doit être abattu et elle veut contribuer à cet achèvement par les armes. Jetant les yeux sur le passé, elle voit ce que lui ont coûté ses illusions, ses divisions, ses faiblesses. Regardant le présent, elle mesure les atteintes qu'a subies sa puissance. Se tournant vers l'avenir, elle discerne le long et dur effort qui seul peut la rendre assez forte, fraternelle et nombreuse pour assurer son destin et, par là même, lui permettre de jouer pour le bien de l'Humanité un rôle dont il est trop clair que l'Univers ne se passerait pas. En un mot, le terme de la guerre n'est pas un aboutissement. Pour la Quatrième République, il n'est qu'un point de départ. En avant donc pour l'immense devoir de travail, d'unité, de rénovation ! Que notre nouvelle victoire marque notre nouvel essor !

AIMÉ CÉSAIRE

Le colonialisme contredit les valeurs de la République

(18 septembre 1946)

Aimé Césaire (1913-2008), maire de Fort-de-France (1945-2001), député de la Martinique (1945-1993), président du Conseil régional de la Martinique (1983-1986), membre du parti communiste jusqu'à sa démission après l'invasion de Hongrie par l'armée soviétique et ses alliés (1956). Parmi ses œuvres poétiques : Cahier d'un retour au pays natal *(1939),* Les Armes miraculeuses *(1946),* Ferrements *(1960) ; ses œuvres théâtrales :* Et les chiens se taisaient *(1956),* La Tragédie du roi Christophe *(1963),* Une saison au Congo *(1966),* Une tempête *(1969). Il est également l'auteur de nombreux essais et discours (sur le colonialisme, 1950 ; sur la négritude, 1987).*

LE CONTEXTE : *Membre de la Commission des Territoires d'outre-mer, Aimé Césaire a soutenu vigoureusement la « loi d'assimilation », classant comme départements français la Guadeloupe et la Martinique (19 mars 1946). Au nom de l'idéal démocratique, il défend les aspirations des habitants de ce qu'on appelait « Empire » colonial à se voir reconnaître comme membres à part entière d'une « Union française » composée de citoyens égaux et solidaires.*

Mesdames, Messieurs, nous avons tous conscience que le débat qui s'engage aujourd'hui devant l'Assemblée est des plus graves. Et comment n'en serait-il pas ainsi puisqu'il s'agit de décider de la vie de 64 millions d'habitants et, en même temps, nous en sommes aussi persuadés que vous, du sort d'une grande nation ?

Eh bien ! C'est précisément parce que ce débat est grave que je regrette, pour ma part, qu'il s'engage dans de telles conditions, je veux dire dans un climat, savamment préparé par certaine presse, de méfiance et d'incompréhension. En tout cas, nous, représentants autochtones des territoires d'outre-mer, nous qui sommes restés insensibles à certaines provocations évidentes et même aux injures lorsque, dans un débat récent, certains d'entre nous se sont dressés à cette tribune pour défendre ce qu'ils considéraient comme la justice, nous nous obstinons à penser qu'en cette matière, tout préjugé, toute illusion volontairement entretenus seraient indignes d'un grand peuple, indignes d'une Assemblée qui en est l'émanation. (*Applaudissements à l'extrême gauche.*)

Et d'abord, de quoi s'agit-il ? De ceci très exactement : À l'heure où les empires coloniaux craquent de par le monde, à l'heure où l'on se tue à Bombay, où l'on se massacre en Palestine, où l'on s'assassine en Indonésie, à l'heure où les passions continuent de flamber en Indochine, à l'heure où elles s'allument en Afrique du Nord, où elles couvent secrètement en Afrique noire, il s'agit, pendant qu'il en est encore temps, de remplacer les règles qui jusqu'ici ont défini les rapports de la France et des territoires qui lui sont associés par des rapports plus conformes aux nécessités du monde moderne, en même temps qu'à cet idéal démocratique pour lequel nous ne voulons pas admettre un seul instant que plusieurs millions d'hommes sont morts en vain. (*Applaudissements à l'extrême gauche.*)

Ah ! je sais bien qu'à cet égard des paroles bien légères ont été prononcées, souvent par de graves personnages, à cette tribune. Certains ont dit : « Imagination que tout cela ! » Ils ont dit : « Il n'y a pas de problème politique dans les territoires d'outre-mer. » Ils ont dit : « Nourrissez l'Empire et, la force aidant, tout ira bien. »

C'est là l'expression de cette politique un peu simpliste que j'appellerai la politique du ventre plein. Ce sont là paroles légères et dangereuses qui sont de nature à vous donner une fausse idée de la nature comme de l'ampleur des mouvements qui agitent nos territoires : Ce sont des paroles légères parce qu'elles impliquent en vérité une ignorance singulière de ce cheminement de l'histoire qui mène les collectivités humaines d'une inconscience prolongée à la conscience brusque de leur cohésion et de leur destinée. En même temps, je dis que ce sont des paroles dangereuses, parce que, voyez-vous, je considère que, pour une grande nation, il n'y a pas de pire danger que d'être pris de court par l'histoire. Ce serait être pris de court par l'histoire que de ne pas apprécier à leur juste valeur les mouvements qui agitent, à l'heure actuelle, les territoires d'outre-mer.

Oui ! qu'on le veuille ou non, le fait est là. Ce

que vous appeliez hier l'Empire, et que nous voulons espérer pouvoir appeler un jour, autrement que par une figure de rhétorique, l'Union française, ce que vous appeliez hier l'Empire, dis-je, est né à la conscience politique.

Il n'est pas né exactement dans les conditions que certains ont essayé de vous faire croire, grâce à l'action de génies malfaisants, de trouble-fête très méchants qui s'appellent les agitateurs. Non ! l'Empire est né à la politique dans des conditions que je n'ai absolument aucune honte à évoquer ici. Il est né à la politique par suite de nos souffrances, certes, par suite de nos désillusions devant des promesses souvent répétées, mais rarement tenues, mais aussi et surtout, l'Empire est né à la politique dans les convulsions de la dernière guerre.

Vous ne pouvez pas avoir perdu le souvenir de la participation coloniale à la libération de la France. Vous ne pouvez pas avoir oublié que, du désert comme de la brousse, de la savane comme de la forêt, des Antilles comme de l'Afrique, des hommes qui étaient des nègres, des Arabes, des Malgaches, sont venus en grand nombre aider le peuple de France à se libérer de la servitude. (*Applaudissements*.)

Il ne suffit pas d'approuver cette intervention massive de l'Empire sur les champs de bataille de l'Europe, il faut aussi en comprendre le sens et la portée.

Pour les hommes de l'Empire cette guerre, on le leur avait dit et ils l'avaient cru, n'était pas seulement une guerre pour l'expulsion des envahisseurs, c'était aussi une guerre pour l'extinction de tout ce que représentaient les envahisseurs : je veux dire l'esprit de violence, le racisme et le despotisme. (*Applaudissements à l'extrême gauche et à gauche.*)

C'était une guerre pour la libération, certes, mais aussi pour la liberté, plus belle encore que la libération. Comment s'étonner, dans ces conditions, que l'Empire soit né à la politique, puisqu'au moment du grand combat c'est au nom d'idées politiques que vous l'appeliez à vaincre ou à mourir.

Si vous me demandez pourquoi le colonialisme ne doit plus continuer à régir les rapports de métropole à colonies je vous dirai tout simplement : parce que nos frères sont morts par milliers pour qu'il disparaisse.

Il y a une seconde raison qui ne doit pas échapper à votre attention. À ceux qui protestent contre le préambule, je demande de réfléchir à ce fait que la France a signé un document international qui s'appelle « la charte des nations unies » et qui stipule précisément la disparition du colonialisme. [...]

J'arrive à un troisième argument, le plus important mes yeux. Je pense que le colonialisme ne peut plus subsister parce qu'il est contraire aux principes mêmes de cette République que vous vous efforcez de construire.

Comment ! Vous voulez édifier une république sociale, une république démocratique, une république qui n'admettra aucune distinction de race et de couleur et, en même temps, vous essayeriez de conserver, de maintenir, de perpétuer le système colonialiste qui porte dans ses flancs le racisme, l'oppression et la servitude ?

Ah ! je le sais bien. Certains brossent de la colonisation un tableau idyllique. Il y a pour eux, d'une part, le bon colonisateur, le bon civilisateur, et, d'autre part, le sauvage colonisé. Routes, hôpitaux, écoles, voilà pour eux la colonisation. Mais il serait inadmissible que cette Assemblée s'arrêtât à ces images sommaires. L'œuvre colonisatrice, comme toute œuvre, est une œuvre aux aspects multiples. Je n'ai garde de n'y voir que violence et destruction. Mais je suis bien obligé de constater qu'elle recèle une part importante de violence et de destruction.

J'ajoute d'ailleurs que de cette violence, ce n'est pas la France que nous entendons rendre responsable, comme s'ingénient à vous le faire croire certains amateurs de confusionnisme dirigé.

Oui ! Il faut le dire avec force, nous n'avons garde de confondre l'instituteur qui instruit nos enfants, le médecin qui soigne nos malades, la France et le génie de la France, et ceux que nous sommes bien obligés d'appeler nos exploiteurs.

Nous disons simplement que les premiers ne peuvent pas servir de caution aux seconds. Et en vérité lorsque nous dénonçons les méfaits du colonialisme, ce n'est pas le procès du peuple français que nous faisons, mais le procès d'une forme de société dont le peuple français lui-même a été la victime, je veux dire la société capitaliste. (*Applaudissements à l'extrême gauche.*) [...]

C'est pourquoi nous faisons appel à tous les

républicains de cette Assemblée pour nous aider à amender le texte gouvernemental dans le sens d'un plus grand libéralisme.

Mais, à travers vous, c'est au pays tout entier que nous nous adressons. Un grand espoir s'est levé sur les peuples colonisés : l'espoir de voir naître de leurs souffrances et de leurs sacrifices un monde plus juste, où leurs devoirs seront équilibrés par un poids égal de droits.

Le jour où ces peuples auront le sentiment que cet espoir a été bafoué une fois de plus, ce jour-là, et ce jour-là seulement, la situation sera grave, parce que ce jour-là, pour parler comme le fameux colonel Lawrence[1] – un homme qui s'y connaissait en révoltes – le temps et les désillusions auront accumulé « des amas d'âmes sèches prêtes à l'incendie ».

À cet incendie, permettez-nous de préférer la grande lueur qui monte du brasier que vous avez-vous-mêmes allumé en 1789 et qui n'a cessé depuis d'obséder l'horizon des peuples, parce qu'elle leur apportait à tous, quelle que fût leur race ou leur couleur, non seulement le salut d'un peuple libre, mais encore le grand message de la fraternité. (*Vifs applaudissements à l'extrême gauche, à gauche et sur quelques bancs au centre. – De retour à son banc, l'orateur est félicité par ses amis.*)

1. Lawrence d'Arabie.

LÉOPOLD SÉDAR SENGHOR

La loi-cadre Defferre conduit à la balkanisation de l'Afrique

(29 janvier 1957)

Léopold Sédar Senghor (1906-2001), député de la circonscription Sénégal-Mauritanie (1945-1959), Secrétaire d'État à la présidence du conseil (1955-1956), ministre conseiller du gouvernement Debré (1959-1961), premier président de la République du Sénégal (1960-1980). Parmi ses œuvres : Chants d'ombre *(1945),* Éthiopiques *(1956),* Négritude et humanisme *(1964),* Le Dialogue des cultures *(1992). Membre de l'Académie française (1983).*

LE CONTEXTE : *La loi-cadre Defferre, première réforme coloniale majeure de la IVe République, adoptée le 23 juin 1956, prévoit un important transfert de responsabilités aux Africains : elle institue un Conseil de gouvernement, présidé par le haut-commissaire assisté d'un vice-président élu, et responsable devant l'assemblée territoriale élue au suffrage universel. Mais à cette occasion, Léopold Sédar Senghor s'oppose pour la première fois à la majorité, au motif que la loi conduit à une « balkanisation » des deux vastes fédérations (Afrique Occidentale Française et Afrique Équatoriale Française) en territoires éclatés, renforçant de ce fait la suprématie française.*

Monsieur le ministre de la France d'outre-mer[1], vous n'avez, à mon avis, commis qu'une erreur, avec les meilleures intentions au demeurant, celle de n'avoir pas demandé, aux assemblées locales, et d'abord aux assemblées territoriales, leur avis, comme le veulent l'article 74 de la Constitution et les lois ou décrets-lois qui régissent les assemblées.

Mais cet avis, il vous a été donné, Monsieur le ministre, depuis la publication des décrets d'application, par la majorité des assemblées territoriales et par le Grand conseil de l'Afrique occidentale française. Je veux être plus précis : le Grand conseil de l'Afrique occidentale française a, dans une motion votée à l'unanimité des membres présents, condamné les décrets politiques et administratifs, et six des huit assemblées territoriales de l'Afrique occidentale française se sont, à ma connaissance, solidarisées avec le Grand conseil. Quatre de ces assemblées ont, en signe de protestation, refusé de voter leur budget avant le 1er janvier 1957.

Encore une fois, il ne s'agit pas de querelles électorales, ni d'opposition de personnes, puisque les protestataires sont de tous les horizons politiques, appartiennent pour la plupart aux trois grands partis africains : rassemblement démocratique africain, mouvement socialiste africain et convention africaine. [...]

Que reproche aux décrets incriminés l'opinion publique africaine ? C'est d'aboutir à une centra-

1. Gaston Defferre.

lisation renforcée au profit de la rue Oudinot[1] ; surtout de diviser, de « balkaniser » – osons dire le mot – les fédérations africaines et d'opposer artificiellement les territoires les uns aux autres. [...]

En vérité, nous avons l'impression qu'en définissant services et cadres, en posant les principes de leur organisation de la manière que l'on sait, les bureaux ont poursuivi un double but : renforcer la centralisation et la concentration du système tout en divisant l'Afrique occidentale française et l'Afrique équatoriale française.

Je ne reviendrai pas sur la centralisation réalisée au profit de la rue Oudinot, de la rue de Rivoli[2] et de bien d'autres ministères. En ce qui concerne la concentration des pouvoirs de l'exécutif, ce n'est pas un hasard si elle se fait au profit du haut-commissaire de la République. [...]

C'est précisément dans l'organisation de l'Afrique occidentale française et de l'Afrique équatoriale française qu'apparaît le plus nettement la volonté de balkaniser l'Afrique noire. Déjà, la Constitution du 27 octobre 1946 était sur ce point légèrement en recul sur les décrets portant réorganisation des gouvernements généraux de l'Afrique occidentale française et de l'Afrique équatoriale française ; mais ce recul, malgré tout, était plus nominal que réel, témoin la loi du 29 août 1947, qui donne comme objet aux grands conseils la gestion « des intérêts communs ».

Comme le précise le rapport introductif au nou-

1. Le ministère de la France d'outre-mer.
2. Le ministère des Finances.

veau décret portant réorganisation de l'Afrique occidentale française et de l'Afrique équatoriale française, ce décret dispose – et c'est là une phrase très importante – que « le groupe n'est constitué qu'en vue de coordonner l'action des territoires en matière économique et financière et de développer éventuellement une infrastructure commune ».

C'est donc très clair : on veut à tout prix empêcher toute solidarité politique et administrative entre des territoires que tout lie, non seulement les structures économiques, mais encore la race, la culture, l'organisation administrative et les aspirations politiques.

C'est tellement vrai que ces solidarités politique, administrative, sociale et culturelle, on les réintroduit par ailleurs : par les pouvoirs du haut-commissaire, mais exercés par l'État, c'est-à-dire en fait par la métropole. Comme si l'on pouvait faire le bonheur des peuples sans leur participation active !

On le devine, cette balkanisation, pour notre part, nous ne pouvons l'accepter. Nous avons présenté en commission des amendements dont certains ont été adoptés. Nous avons été battus sur les autres. Nous déposerons de nouveaux amendements pour réintroduire, exercées par nous, peuples d'Afrique noire, toutes ces solidarités naturelles dont on veut nous priver.

« Donner et retenir ne vaut. » Ce n'est pas là un proverbe africain, mais européen, mais français. Nous l'avons constaté à l'examen de tous les décrets politiques et administratifs : chaque fois que, dans le cadre de la loi du 23 juin 1956, on a accordé une liberté nouvelle, on s'est hâté d'en limiter l'exercice.

C'est une très vieille pratique. Lorsque, après le décret du 16 pluviôse, an II, on eut aboli l'esclavage, Danton se jeta à la tribune pour modérer l'enthousiasme des esclaves d'hier.

En somme, on a donné d'une main et retenu de l'autre. L'aspect financier du problème illustrerait, d'une manière chiffrée, cette méthode si j'avais le temps de le traiter. Mais il me faut conclure.

La moindre des contradictions où s'enferment les partisans de la division n'est pas celle que voici : ils sont pour la centralisation dans la métropole et pour la balkanisation en Afrique noire. Ils sont pour l'union métropolitaine, mais pour la désunion africaine.

Il y a plus grave : ils sont pour la communauté franco-africaine et contre la communauté africaine.

Nous aussi nous sommes pour la communauté franco-africaine. Des dizaines de milliers d'Africains l'ont prouvé pendant la guerre et l'occupation en donnant leur vie ; ils l'ont prouvé non pas par des discours, mais par des actes.

Le territoire que j'ai l'honneur de représenter dans cette Assemblée se bat pour la France depuis la révolution de 1789, mais Saint-Louis-du-Sénégal envoyait aux États généraux un cahier de doléances.

C'est que la communauté franco-africaine exige, mes chers collègues, comme condition préalable, la communauté africaine.

Une association présuppose l'existence de deux

êtres. Où serait notre être si, nous appelant à la communauté franco-africaine, vous commenciez par nous désintégrer ?

Je m'adresse aux chrétiens : « Une maison divisée contre elle-même... », vous savez le reste. Quel serait le sort de l'Afrique si elle était divisée ? Mais sans doute avez-vous oublié cette recommandation de l'Écriture sainte qui veut qu'avant d'offrir un sacrifice au Seigneur – à la France en l'occurrence –, on commence par se réconcilier avec son frère.

« La République une et indivisible », au sens de l'État unitaire et centralisateur – c'est par là que je vais terminer –, a été, au XIXe siècle, une exigence nationale : elle a fait la force de la France, et les volontaires avaient raison d'aller à la bataille à Valmy en criant : Vive la nation !

Mais nous sommes aujourd'hui en 1957, au XXe siècle, à l'heure où les États et les empires les plus forts sont de structure fédérale : U.S.A, U.R.S.S, Inde, Canada, Brésil, Allemagne occidentale, Yougoslavie, et, plus près de nous, l'Angleterre qui va donner l'indépendance à la Gold Coast au sein du Commonwealth, lequel a cessé d'être britannique.

Fédérer effraye certains membres de l'Assemblée. Mais, mes chers collègues, fédérer n'est pas séparer. Fédérer, au sens étymologique du mot, c'est lier, mais sans étouffer, on l'oublie trop souvent.

S'accrocher au mythe de la « République une et indivisible », car c'est un mythe, sans quoi il y aurait dans cette Assemblée trois cents députés noirs et arabo-berbères (*Très bien ! Très bien ! au centre*), s'accrocher à ce mythe c'est, je le crains, travailler à l'abaissement de la France. C'est pratiquer l'immobilisme le plus stérile.

Je vous dis que la France est un arbre vivant ; ce n'est pas du bois mort promis à la cognée. Quand vous aurez disloqué les fédérations d'Afrique noire, craignez que les territoires ne se tournent l'un vers Lagos, l'autre vers Accra… […]

Quand les enfants ont grandi, du moins en Afrique noire, ils quittent la case des parents et construisent à côté une case, leur case, mais dans le même carré.

Le carré France, croyez-nous, nous ne voulons pas le quitter. Nous y avons grandi et il y fait bon vivre. Nous voulons simplement, Monsieur le ministre, mes chers collègues, y bâtir nos propres cases, qui élargiront et fortifieront en même temps le carré familial, ou plutôt l'hexagone France. (*Applaudissements sur plusieurs bancs au centre.*)

ANDRÉ MALRAUX

Les Paravents *de Jean Genet à l'Odéon*

(27 octobre 1966)

André Malraux (1901-1976), ministre de l'Information dans le gouvernement de Gaulle (novembre 1945-janvier 1946), puis à nouveau de juillet 1958 à janvier 1959, ministre d'État chargé des Affaires culturelles de 1959 à 1969. Parmi ses œuvres : Les Conquérants *(1928),* La Voie royale *(1930),* La Condition humaine *(1933),* L'Espoir *(1937),* Les Voix du silence *(1951),* Antimémoires *(1967).*

LE CONTEXTE : *Créée à l'Odéon-Théâtre de France le 16 avril 1966, la pièce de Jean Genet* Les Paravents *suscite de violentes critiques : on lui reproche de porter atteinte à la morale et à l'armée. Au cours de la discussion du budget de la Culture, certains députés s'indignent que la pièce ait été créée dans un théâtre subventionné et demandent la suppression de la subvention correspondante. Le ministre leur répond.*

La liberté, Mesdames, Messieurs, n'a pas toujours les mains propres ; mais quand elle n'a pas les mains propres, avant de la passer par la fenêtre, il faut y regarder à deux fois.

Il s'agit d'un théâtre subventionné, dites-vous. Là-dessus, je n'ai rien à dire.

Mais, la lecture qui a été faite à la tribune est celle d'un fragment. Ce fragment n'est pas joué sur la scène, mais dans les coulisses. Il donne, dit-on, le sentiment qu'on est en face d'une pièce antifrançaise. Si nous étions vraiment en face d'une pièce antifrançaise, un problème assez sérieux se poserait. Or, quiconque a lu cette pièce sait très bien qu'elle n'est pas antifrançaise. Elle est antihumaine. Elle est anti-tout.

Genet n'est pas plus antifrançais que Goya antiespagnol. Vous avez l'équivalent de la scène dont vous parlez dans les *Caprices*.

Par conséquent, le véritable problème qui se pose ici – il a d'ailleurs été posé – c'est celui, comme vous l'avez appelé de la « pourriture ».

Mais là encore, Mesdames, Messieurs, allons lentement ! Car, avec des citations on peut tout faire :

« Alors, ô ma beauté, dites à la vermine qui vous mangera de baisers… », c'est de la pourriture ! *Une charogne*, ce n'était pas un titre qui plaisait beaucoup au procureur général, sans parler de *Madame Bovary*[1].

Ce que vous appelez de la pourriture n'est pas un accident. C'est ce au nom de quoi on a toujours arrêté ceux qu'on arrêtait. Je ne prétends nullement – je n'ai d'ailleurs pas à le prétendre – que M. Genet soit Baudelaire. S'il était Baudelaire, on ne le saurait pas. La preuve c'est qu'on ne savait pas que Baudelaire était un génie. (*Rires.*)

1. Allusion aux procès intentés en 1857, à quelques mois d'intervalle, pour « offense à la morale publique » à Flaubert (*Madame Bovary*) et Baudelaire (*Les Fleurs du mal,* qui contient le poème « Une charogne »).

Ce qui est certain, c'est que l'argument invoqué : « cela blesse ma sensibilité, on doit donc l'interdire », est un argument déraisonnable. L'argument raisonnable est le suivant : « Cette pièce blesse votre sensibilité. N'allez pas acheter votre place au contrôle. On joue d'autres choses ailleurs. Il n'y a pas obligation. Nous ne sommes pas à la radio ou à la télévision. »

Si nous commençons à admettre le critère dont vous avez parlé, nous devons écarter la moitié de la peinture gothique française, car le grand retable de Grünewald a été peint pour les pestiférés. Nous devons aussi écarter la totalité de l'œuvre de Goya ce qui sans doute n'est pas rien. Et je reviens à Baudelaire que j'évoquais à l'instant…

Le théâtre existe pour que les gens y retrouvent leur propre grandeur. Mais le Théâtre de France n'est pas un théâtre où l'on ne joue que *Les Paravents*.

C'est un théâtre où l'on joue *Les Paravents*, mais entre *Le Pain dur* de Claudel et les classiques, en attendant Shakespeare. Il ne s'agit plus du tout de savoir si on donne de l'argent pour jouer *Les Paravents*. Il s'agit de savoir si l'on doit ne jouer dans un théâtre de cette nature que des œuvres qui sont dans une certaine direction.

Quand on parlait de théâtre subventionné, il y a un siècle, on parlait d'un théâtre d'exception. Or aujourd'hui la subvention s'adresse à presque tous les théâtres. Je ne parle pas de théâtres privés parisiens. Je parle des centres dramatiques.

Si nous admettons une censure particulière pour le théâtre privé parisien, que nous ne subventionnons pas, nous l'aurons pour le théâtre privé de province ; si nous admettons une censure pour les théâtres subventionnés parisiens, nous l'admettons pour tous les centres dramatiques, c'est-à-dire pour tout ce qui est le théâtre vivant en France.

C'est pourquoi on ne peut s'engager dans une telle voie qu'avec une extrême prudence et je ne supprimerai pas pour rien la liberté des théâtres subventionnés. J'insiste sur les mots « pour rien », car si nous interdisons *Les Paravents,* ils seront rejoués demain, non pas trois fois mais cinq cents fois. Nous aurons à la rigueur prononcé un excellent discours et prouvé que nous étions capables de prendre une mesure d'interdiction, mais en fait nous n'aurons rien interdit du tout.

L'essentiel n'est pas de savoir ce que nous pourrons faire de trois francs de subvention mais de savoir ce qu'on interdira ou non, de savoir quelle gloire sera donnée par l'interdiction à une pièce dont on veut minimiser la portée par une opération de Gribouille. Je ne crois pas que ce soit urgent. (*Sourires.*)

En fait, nous n'autorisons pas *Les Paravents* pour ce que vous leur reprochez et qui peut être légitime ; nous les autorisons malgré ce que vous leur reprochez, comme nous admirons Baudelaire pour la fin d'*Une charogne* et non pas pour la description du mort.

SOURCES

Honoré Gabriel Riqueti de Mirabeau (Assemblée nationale, 21 octobre 1790) : *Archives parlementaires de 1787 à 1860*, Recueil complet des débats législatifs et politiques des Chambres françaises (sous la direction de J. Mavidal et de E. Laurent), Tome XIX, du 16 septembre au 23 octobre 1790, Paris, Société d'imprimerie et librairie administratives et des chemins de fer, Paul Dupont, 1884, pp. 745-746.

Benjamin Constant (Chambre des députés, 9 février 1822) : *Archives parlementaires de 1787 à 1860*, Recueil complet des débats législatifs et politiques des Chambres françaises (sous la direction de J. Mavidal et E. Laurent), Tome XXXIV, du 26 décembre 1821 au 25 février 1822, Paris, Librairie administrative de Paul Dupont, 1876, pp. 503-505.

François René de Chateaubriand (Chambre des députés, 25 février 1823) : *Archives parlementaires de 1787 à 1860*, Recueil complet des débats législatifs et politiques des Chambres françaises (sous la direction de J. Mavidal et de E. Laurent), Tome XXXVIII, du 1er août 1822 au 22 mars 1823, Paris, Librairie administrative de Paul Dupont, 1878, pp. 420-426.

Alphonse de Lamartine (Chambre des députés, 13 mai 1834) : *Archives parlementaires de 1787 à 1860*,

Recueil complet des débats législatifs et politiques des Chambres françaises (sous la direction de J. Mavidal et de E. Laurent), Tome XC, du 6 mai au 6 août 1834, Paris, Imprimerie et Librairie administratives et des chemins de fer, Paul Dupont, 1894, pp. 253-255.

Alexis de TOCQUEVILLE (Chambre des députés, 27 janvier 1848) : *Œuvres*, t. 1, Paris, Gallimard, « Bibliothèque de la Pléiade », 1991, pp. 1125 sq.

Victor HUGO (Assemblée nationale, 17 juillet 1851) : *Compte rendu des séances de l'Assemblée nationale législative*, Tome seizième, du 14 juillet au 3 novembre 1851, Paris, De la typographie Panckoucke, 1851, pp. 77-78.

Edgar QUINET (Assemblée nationale, 1er mars 1871) : *Annales de l'Assemblée nationale*, du 12 février au 11 mars 1871, Paris, Imprimerie et librairie du Journal officiel, 1871, pp. 100-101.

Maurice BARRÈS (Chambre des députés, 16 janvier 1911) : *Annales de la Chambre des députés*, Débats parlementaires, t. I, première partie, du 10 janvier au 9 mars 1911, Paris, Imprimerie des Journaux officiels, 1911, pp. 104-109.

Charles de GAULLE (Assemblée consultative provisoire, 15 mai 1945) : *Discours et messages 1-1940-1946*, Paris, Plon, 1970.

Aimé CÉSAIRE (Assemblée nationale constituante, 18 septembre 1946) : *Annales de l'Assemblée nationale constituante*, Débats parlementaires du 12 septembre au 25 septembre 1946, II, 2, Paris, Imprimerie des Journaux officiels, 1946, pp. 3795-3797.

Léopold Sédar SENGHOR (Assemblée nationale, 29 janvier 1957) : *Débats de l'Assemblée nationale*, vol. 9, du 15 janvier au 7 février 1957, Paris, Imprimerie des Journaux officiels, 1957, pp. 371-373.

André MALRAUX (Assemblée nationale, 27 octobre 1966) : *Débats de l'Assemblée nationale,* vol. 27, du 3 octobre au 7 novembre 1966, Paris, Imprimerie des Journaux officiels, 1968, pp. 3989-3990.

XXe siècle

COLLECTION FOLIO 2 €

Dernières parutions

4596. Michel Embareck	*Le temps des citrons*
4597. David Shahar	*La moustache du pape* et autres nouvelles
4598. Mark Twain	*Un majestueux fossile littéraire* et autres nouvelles
4618. Stéphane Audeguy	*Petit éloge de la douceur*
4619. Éric Fottorino	*Petit éloge de la bicyclette*
4620. Valentine Goby	*Petit éloge des grandes villes*
4621. Gaëlle Obiégly	*Petit éloge de la jalousie*
4622. Pierre Pelot	*Petit éloge de l'enfance*
4639. Benjamin Constant	*Le Cahier rouge*
4640. Carlos Fuentes	*La Desdichada*
4641. Richard Wright	*L'homme qui a vu l'inondation* suivi de *Là-bas, près de la rivière*
4666. Collectif	*Le pavillon des Parfums-Réunis* et autres nouvelles chinoises des Ming
4667. Thomas Day	*L'automate de Nuremberg*
4668. Lafcadio Hearn	*Ma première journée en Orient* suivi de *Kizuki, le sanctuaire le plus ancien du Japon*
4669. Simone de Beauvoir	*La Femme indépendante*
4670. Rudyard Kipling	*Une vie gaspillée* et autres nouvelles
4671. D. H. Lawrence	*L'épine dans la chair* et autres nouvelles
4672. Luigi Pirandello	*Eau amère* et autres nouvelles
4673. Jules Verne	*Les révoltés de la Bounty* suivi de *Maître Zacharius*
4674. Anne Wiazemsky	*L'île*
4708. Isabelle de Charrière	*Sir Walter Finch et son fils William*
4709. Madame d'Aulnoy	*La Princesse Belle Étoile et le prince Chéri*

4710. Isabelle Eberhardt	*Amours nomades. Nouvelles choisies*
4711. Flora Tristan	*Promenades dans Londres* (extraits)
4737. Joseph Conrad	*Le retour*
4738. Roald Dahl	*Le chien de Claude*
4739. Fédor Dostoïevski	*La femme d'un autre et le mari sous le lit. Une aventure peu ordinaire*
4740. Ernest Hemingway	*La capitale du monde* suivi de *L'heure triomphale de Francis Macomber*
4741. H. P. Lovecraft	*Celui qui chuchotait dans les ténèbres*
4742. Gérard de Nerval	*Pandora* et autres nouvelles
4743. Juan Carlos Onetti	*À une tombe anonyme*
4744. Robert Louis Stevenson	*La chaussée des Merry Men*
4745. Henry David Thoreau	*«Je vivais seul dans les bois»*
4746. Michel Tournier	*L'aire du Muguet* précédé de *La jeune fille et la mort*
4781. Collectif	*Sur le zinc. Au café avec les écrivains*
4782. Francis Scott Fitzgerald	*L'étrange histoire de Benjamin Button* suivi de *La lie du bonheur*
4783. Lao She	*Le nouvel inspecteur* suivi de *Le croissant de lune*
4784. Guy de Maupassant	*Apparition* et autres contes de l'étrange
4785. D. A. F. de Sade	*Eugénie de Franval. Nouvelle tragique*
4786. Patrick Amine	*Petit éloge de la colère*
4787. Élisabeth Barillé	*Petit éloge du sensible*
4788. Didier Daeninckx	*Petit éloge des faits divers*
4789. Nathalie Kuperman	*Petit éloge de la haine*
4790. Marcel Proust	*La fin de la jalousie* et autres nouvelles
4839. Julian Barnes	*À jamais* et autres nouvelles
4840. John Cheever	*Une Américaine instruite* précédé d'*Adieu, mon frère*
4841. Collectif	*« Que je vous aime, que je t'aime ! » Les plus belles déclarations d'amour*
4842. André Gide	*Souvenirs de la cour d'assises*
4843. Jean Giono	*Notes sur l'affaire Dominici* suivi d'*Essai sur le caractère des personnages*
4844. Jean de La Fontaine	*Comment l'esprit vient aux filles* et autres contes libertins

4845. Yukio Mishima	*Papillon* suivi de *La lionne*
4846. John Steinbeck	*Le meurtre* et autres nouvelles
4847. Anton Tchékhov	*Un royaume de femmes* suivi de *De l'amour*
4848. Voltaire	*L'Affaire du chevalier de La Barre* précédé de *L'Affaire Lally*
4875. Marie d'Agoult	*Premières années (1806-1827)*
4876. Madame de Lafayette	*Histoire de la princesse de Montpensier* et autres nouvelles
4877. Madame Riccoboni	*Histoire de M. le marquis de Cressy*
4878. Madame de Sévigné	*«Je vous écris tous les jours...» Premières lettres à sa fille*
4879. Madame de Staël	*Trois nouvelles*
4911. Karen Blixen	*Saison à Copenhague*
4912. Julio Cortázar	*La porte condamnée* et autres nouvelles fantastiques
4913. Mircea Eliade	*Incognito à Buchenwald*.. précédé d'*Adieu !...*
4914. Romain Gary	*Les trésors de la mer Rouge*
4915. Aldous Huxley	*Le jeune Archimède* précédé de *Les Claxton*
4916. Régis Jauffret	*Ce que c'est que l'amour* et autres microfictions
4917. Joseph Kessel	*Une balle perdue*
4919. Junichirô Tanizaki	*Le pont flottant des songes*
4920. Oscar Wilde	*Le portrait de Mr. W. H.*
4953. Eva Almassy	*Petit éloge des petites filles*
4954. Franz Bartelt	*Petit éloge de la vie de tous les jours*
4955. Roger Caillois	*Noé* et autres textes
4956. Casanova	*Madame F.* suivi d'*Henriette*
4957. Henry James	*De Grey, histoire romantique*
4958. Patrick Kéchichian	*Petit éloge du catholicisme*
4959. Michel Lermontov	*La princesse Ligovskoï*
4960. Pierre Péju	*L'idiot de Shanghai* et autres nouvelles
4961. Brina Svit	*Petit éloge de la rupture*
4962. John Updike	*Publicité* et autres nouvelles
5010. Anonyme	*Le Petit-Fils d'Hercule. Un roman libertin*

5011. Marcel Aymé — *La bonne peinture*
5012. Mikhaïl Boulgakov — *J'ai tué* et autres récits
5013. Arthur Conan Doyle — *L'interprète grec* et autres aventures de Sherlock Holmes
5014. Frank Conroy — *Le cas mystérieux de R.* et autres nouvelles
5015. Arthur Conan Doyle — *Une affaire d'identité* et autres aventures de Sherlock Holmes
5016. Cesare Pavese — *Histoire secrète* et autres nouvelles
5017. Graham Swift — *Le sérail* et autres nouvelles
5018. Rabindranath Tagore — *Aux bords du Gange* et autres nouvelles
5019. Émile Zola — *Pour une nuit d'amour* suivi de *L'Inondation*
5060. Anonyme — *L'œil du serpent. Contes folkloriques japonais*
5061. Federico García Lorca — *Romancero gitan* suivi de *Chant funèbre pour Ignacio Sanchez Mejias*
5062. Ray Bradbury — *Le meilleur des mondes possibles* et autres nouvelles
5063. Honoré de Balzac — *La Fausse Maîtresse*
5064. Madame Roland — *Enfance*
5065. Jean-Jacques Rousseau — *« En méditant sur les dispositions de mon âme... »* et autres *Rêveries* suivi de *Mon portrait*
5066. Comtesse de Ségur — *Ourson*
5067. Marguerite de Valois — *Mémoires 1569-1577* (extraits)
5068. Madame de Villeneuve — *La Belle et la Bête*
5069. Louise de Vilmorin — *Sainte-Unefois*
5120. Hans Christian Andersen — *La Vierge des glaces*
5121. Paul Bowles — *L'éducation de Malika*
5122. Collectif — *Au pied du sapin. Contes de Noël*
5123. Vincent Delecroix — *Petit éloge de l'ironie*
5124. Philip K. Dick — *Petit déjeuner au crépuscule* et autres nouvelles
5125. Jean-Baptiste Gendarme — *Petit éloge des voisins*
5126. Bertrand Leclair — *Petit éloge de la paternité*

5127. Alfred de Musset - George Sand	*« Ô mon George, ma belle maîtresse... » Lettres*
5128. Grégoire Polet	*Petit éloge de la gourmandise*
5129. Paul Verlaine	*L'Obsesseur* précédé d'*Histoires comme ça*
5163. Ryûnosuke Akutagawa	*La vie d'un idiot* précédé d'*Engrenage*
5164. Anonyme	*Saga d'Eiríkr le Rouge* suivi de *Saga des Groenlandais*
5165. Antoine Bello	*Go Ganymède!*
5166. Adelbert von Chamisso	*L'étrange histoire de Peter Schlemihl*
5167. Collectif	*L'art du baiser. Les plus beaux baisers de la littérature*
5168. Guy Goffette	*Les derniers planteurs de fumée*
5169. H. P. Lovecraft	*L'horreur de Dunwich*
5170. Léon Tolstoï	*Le Diable*
5184. Alexandre Dumas	*La main droite du sire de Giac* et autres nouvelles
5185. Edith Wharton	*Le miroir* suivi de *Miss Mary Pask*
5231. Théophile Gautier	*La cafetière* et autres contes fantastiques
5232. Claire Messud	*Les Chasseurs*
5233. Dave Eggers	*Du haut de la montagne, une longue descente*
5234. Gustave Flaubert	*Un parfum à sentir ou Les Baladins* suivi de *Passion et vertu*
5235. Carlos Fuentes	*En bonne compagnie* suivi de *La chatte de ma mère*
5236. Ernest Hemingway	*Une drôle de traversée*
5237. Alona Kimhi	*Journal de Berlin*
5238. Lucrèce	*« L'esprit et l'âme se tiennent étroitement unis ». Livre III de* De la nature
5239. Kenzaburô Ôé	*Seventeen*
5240. P. G. Wodehouse	*Une partie mixte à trois* et autres nouvelles du green
5290. Jean-Jacques Bernard	*Petit éloge du cinéma d'aujourd'hui*
5291. Jean-Michel Delacomptée	*Petit éloge des amoureux du silence*

5292. Mathieu Terence — *Petit éloge de la joie*
5293. Vincent Wackenheim — *Petit éloge de la première fois*
5294. Richard Bausch — *Téléphone rose* et autres nouvelles
5295. Collectif — *Ne nous fâchons pas ! ou l'art de se disputer au théâtre*
5296. Robin Robertson — *Fiasco ! Des écrivains en scène*
5297. Miguel de Unamuno — *Des yeux pour voir* et autres contes
5298. Jules Verne — *Une fantaisie du Docteur Ox*
5299. Robert Charles Wilson — *YFL-500* suivi du *Mariage de la dryade*
5347. Honoré de Balzac — *Philosophie de la vie conjugale*
5348. Thomas De Quincey — *Le bras de la vengeance*
5349. Charles Dickens — *L'Embranchement de Mugby*
5351. Marcus Malte — *Mon frère est parti ce matin...*
5352. Vladimir Nabokov — *Natacha* et autres nouvelles
5353. Arthur Conan Doyle — *Un scandale en Bohême* suivi d'*Étoile d'argent. Deux aventures de Sherlock Holmes*
5354. Jean Rouaud — *Préhistoires*
5355. Mario Soldati — *Le père des orphelins*
5356. Oscar Wilde — *Maximes* et autres textes
5415. Franz Bartelt — *Une sainte fille* et autres nouvelles
5416. Mikhaïl Boulgakov — *Morphine*
5417. Guillermo Cabrera Infante — *Coupable d'avoir dansé le cha-cha-cha*
5418. Collectif — *Jouons avec les mots. Jeux littéraires*
5419. Guy de Maupassant — *Contes au fil de l'eau*
5420. Thomas Hardy — *Les intrus de la Maison Haute* précédé d'un autre conte du Wessex
5421. Mohamed Kacimi — *La confession d'Abraham*
5422. Orhan Pamuk — *Mon père* et autres textes
5423. Jonathan Swift — *Modeste proposition* et autres textes
5424. Sylvain Tesson — *L'éternel retour*
5462. Lewis Carroll — *Misch-masch* et autres textes de jeunesse
5463. Collectif — *Un voyage érotique. Invitations à l'amour dans la littérature du monde entier*

5465. William Faulkner	*Coucher de soleil* et autres Croquis de La Nouvelle-Orléans
5466. Jack Kerouac	*Sur les origines d'une génération* suivi de *Le dernier mot*
5467. Liu Xinwu	*La Cendrillon du canal* suivi de *Poisson à face humaine*
5468. Patrick Pécherot	*Petit éloge des coins de rue*
5469. George Sand	*Le château de Pictordu*
5471. Martin Winckler	*Petit éloge des séries télé*
5523. E.M. Cioran	*Pensées étranglées* précédé du *Mauvais démiurge*
5526. Jacques Ellul	« *Je suis sincère avec moi-même* » et autres lieux communs
5527. Liu An	*Du monde des hommes. De l'art de vivre parmi ses semblables*
5528. Sénèque	*De la providence* suivi de *Lettres à Lucilius (lettres 71 à 74)*
5530. Tchouang-tseu	*Joie suprême* et autres textes
5531. Jacques de Voragine	*La Légende dorée. Vie et mort de saintes illustres*
5532. Grimm	*Hänsel et Gretel* et autres contes
5589. Saint Augustin	*L'Aventure de l'esprit et autres Confessions*
5590. Anonyme	*Le brahmane et le pot de farine. Contes édifiants du* Pañcatantra
5591. Simone Weil	*Pensées sans ordre concernant l'amour de Dieu* et autres textes
5592. Xun zi	*Traité sur le Ciel* et autres textes
5606. Collectif	*Un oui pour la vie ? Le mariage en littérature*
5607. Éric Fottorino	*Petit éloge du Tour de France*
5608. E. T. A. Hoffmann	*Ignace Denner*
5609. Frédéric Martinez	*Petit éloge des vacances*
5610. Sylvia Plath	*Dimanche chez les Minton* et autres nouvelles
5611. Lucien	« *Sur des aventures que je n'ai pas eues* ». *Histoire véritable*

5631. Boccace — *Le Décaméron. Première journée*
5632. Isaac Babel — *Une soirée chez l'impératrice* et autres récits
5633. Saul Bellow — *Un futur père* et autres nouvelles
5634. Belinda Cannone — *Petit éloge du désir*
5635. Collectif — *Faites vos jeux ! Les jeux en littérature*
5636. Collectif — *Jouons encore avec les mots. Nouveaux jeux littéraires*
5637. Denis Diderot — *Sur les femmes* et autres textes
5638. Elsa Marpeau — *Petit éloge des brunes*
5639. Edgar Allan Poe — *Le sphinx* et autres contes
5640. Virginia Woolf — *Le quatuor à cordes* et autres nouvelles
5714. Guillaume Apollinaire — *« Mon cher petit Lou ». Lettres à Lou*
5715. Jorge Luis Borges — *Le Sud* et autres fictions
5717. Chamfort — *Maximes* suivi de *Pensées morales*
5718. Ariane Charton — *Petit éloge de l'héroïsme*
5719. Collectif — *Le goût du zen. Recueil de propos et d'anecdotes*
5720. Collectif — *À vos marques ! Nouvelles sportives*
5721. Olympe de Gouges — *« Femme, réveille-toi ! » Déclaration des droits de la femme et de la citoyenne* et autres écrits
5722. Tristan Garcia — *Le saut de Malmö* et autres nouvelles
5723. Silvina Ocampo — *La musique de la pluie* et autres nouvelles
5758. Anonyme — *Fioretti. Légendes de saint François d'Assise*
5759. Gandhi — *En guise d'autobiographie*
5760. Leonardo Sciascia — *La tante d'Amérique*
5761. Prosper Mérimée — *La perle de Tolède* et autres nouvelles
5762. Amos Oz — *Chanter* et autres nouvelles
5794. James Joyce — *Un petit nuage* et autres nouvelles
5795. Blaise Cendrars — *L'Amiral*
5797. Ueda Akinari — *La maison dans les roseaux* et autres contes
5798. Alexandre Pouchkine — *Le coup de pistolet* et autres récits de feu Ivan Pétrovitch Bielkine

5818. Mohammed Aïssaoui	*Petit éloge des souvenirs*
5819. Ingrid Astier	*Petit éloge de la nuit*
5820. Denis Grozdanovitch	*Petit éloge du temps comme il va*
5821. Akira Mizubayashi	*Petit éloge de l'errance*
5835. Francis Scott Fitzgerald	*Bernice se coiffe à la garçonne* précédé du *Pirate de la côte*
5836. Baltasar Gracian	*L'Art de vivre avec élégance. Cent maximes de* L'Homme de cour
5837. Montesquieu	*Plaisirs et bonheur* et autres *Pensées*
5838. Ihara Saikaku	*Histoire du tonnelier tombé amoureux* suivi d'*Histoire de Gengobei*
5839. Tang Zhen	*Des moyens de la sagesse* et autres textes
5856. Collectif	*C'est la fête ! La littérature en fêtes*
5896. Collectif	*Transports amoureux. Nouvelles ferroviaires*
5897. Alain Damasio	*So phare away* et autres nouvelles
5898. Marc Dugain	*Les vitamines du soleil*
5899. Louis Charles Fougeret de Monbron	*Margot la ravaudeuse*
5900. Henry James	*Le fantôme locataire* précédé d'*Histoire singulière de quelques vieux habits*
5901. François Poullain de La Barre	*De l'égalité des deux sexes*
5902. Junichirô Tanizaki	*Le pied de Fumiko* précédé de *La complainte de la sirène*
5903. Ferdinand von Schirach	*Le hérisson* et autres nouvelles
5904. Oscar Wilde	*Le millionnaire modèle* et autres contes
5905. Stefan Zweig	*Découverte inopinée d'un vrai métier* suivi de *La vieille dette*
5935. Chimamanda Ngozi Adichie	*Nous sommes tous des féministes* suivi des *Marieuses*
5973. Collectif	*Pourquoi l'eau de mer est salée* et autres contes de Corée
5974. Honoré de Balzac	*Voyage de Paris à Java* suivi d'*Un drame au bord de la mer*

5975. Collectif — *Des mots et des lettres. Énigmes et jeux littéraires*

5976. Joseph Kessel — *Le paradis du Kilimandjaro* et autres reportages

5977. Jack London — *Une odyssée du Grand Nord* précédé du *Silence blanc*

5992. Pef — *Petit éloge de la lecture*

5994. Thierry Bourcy — *Petit éloge du petit déjeuner*

5995. Italo Calvino — *L'oncle aquatique* et autres récits cosmicomics

5996. Gérard de Nerval — *Le harem* suivi d'*Histoire du calife Hakem*

5997. Georges Simenon — *L'Étoile du Nord* et autres enquêtes de Maigret

5998. William Styron — *Marriott le marine*

5999. Anton Tchékhov — *Les groseilliers* et autres nouvelles

6001. P'ou Song-ling — *La femme à la veste verte. Contes extraordinaires du Pavillon du Loisir*

6002. H. G. Wells — *Le cambriolage d'Hammerpond Park* et autres nouvelles extravagantes

6042. Collectif — *Joyeux Noël ! Histoires à lire au pied du sapin*

6083. Anonyme — *Saga de Hávardr de l'Ísafjördr. Saga islandaise*

6084. René Barjavel — *Les enfants de l'ombre* et autres nouvelles

6085. Tonino Benacquista — *L'aboyeur* précédé de *L'origine des fonds*

6086. Karen Blixen — *Histoire du petit mousse* et autres contes d'hiver

6087. Truman Capote — *La guitare de diamants* et autres nouvelles

6088. Collectif — *L'art d'aimer. Les plus belles nuits d'amour de la littérature*

6089. Jean-Philippe Jaworski — *Comment Blandin fut perdu* précédé de *Montefellóne. Deux récits du Vieux Royaume*

6090. D.A.F. de Sade — *L'Heureuse Feinte* et autres contes étranges
6091. Voltaire — *Le taureau blanc* et autres contes
6111. Mary Wollstonecraft — *Défense des droits des femmes* (extraits)
6159. Collectif — *Les mots pour le lire. Jeux littéraires*
6160. Théophile Gautier — *La Mille et Deuxième Nuit* et autres contes
6161. Roald Dahl — *À moi la vengeance S.A.R.L.* suivi de *Madame Bixby et le manteau du Colonel*
6162. Scholastique Mukasonga — *La vache du roi Musinga* et autres nouvelles rwandaises
6163. Mark Twain — *À quoi rêvent les garçons. Un apprenti pilote sur le Mississippi*
6178. Oscar Wilde — *Le Pêcheur et son Âme* et autres contes
6179. Nathacha Appanah — *Petit éloge des fantômes*
6180. Arthur Conan Doyle — *La maison vide* précédé du *Dernier problème. Deux aventures de Sherlock Holmes*
6181. Sylvain Tesson — *Le téléphérique* et autres nouvelles
6182. Léon Tolstoï — *Le cheval* suivi d'*Albert*
6183. Voisenon — *Le sultan Misapouf et la princesse Grisemine*
6184. Stefan Zweig — *Était-ce lui ?* précédé d'*Un homme qu'on n'oublie pas*
6210. Collectif — *Paris sera toujours une fête. Les plus grands auteurs célèbrent notre capitale*
6211. André Malraux — *Malraux face aux jeunes. Mai 68, avant, après. Entretiens inédits*
6241. Anton Tchékhov — *Les méfaits du tabac* et autres pièces en un acte
6242. Marcel Proust — *Journées de lecture*
6243. Franz Kafka — *Le Verdict – À la colonie pénitentiaire*
6245. Joseph Conrad — *L'associé*
6246. Jules Barbey d'Aurevilly — *La Vengeance d'une femme* précédé du *Dessous de cartes d'une partie de whist*

Composition Nord Compo
Impresion Novoprint
à Barcelone, le 09 février 2017
Dépôt légal : février 2017

ISBN 978-2-07-272106-9./ Imprimé en Espagne.

315296